공동가치창출을 위한 혁신모델의 탄생–
IT와 디자인씽킹을 통한 지역혁신의 완성

홍순구·최형림·김나랑

유원북스

이 저서는 2015년 대한민국 교육부와

한국연구재단의 지원을 받아 수행된 연구임

(NRF-2015S1A3A2046781)

들어가면서

기존의 틀에서 벗어나 새로운 변화를 추구하는 혁신(innovation)은 왜 필요한가?

씨스코의 최고경영자를 역임한 John Chambers는 미국의 S&P 500대 기업 중 40%는 10년 내에 사라져버릴 것이라고 하였다. 최근 우리사회는 저성장, 고령화·저출산, 지역 불균형 등 다양한 사회문제에 직면해 있고, 또한 인공지능, 사물인터넷, 빅데이터에서 유발된 제4차 산업혁명은 기업 및 정부에게 새로운 해법을 요구하고 있다.

효과와 효율에 초점을 둔 과거의 혁신방법으로는 현 시대의 문제를 해결하는 데 한계가 있기 때문에 새로운 혁신방법의 모색이 필요한 시점이다. 새로운 혁신모델은 개인이나 기업, 조직 내부의 자원에만 의존하는 폐쇄적인 혁신이 아니라 모두가 참여하는 개방형 혁신이어야 한다. 개방형 혁신방법에는 조직 내·외부의 참여자 모두가 주체적으로 참여하고 협력하여 이전에 없던 새로운 가치를 창출하는 'Co-creation'과 '디자인씽킹'이 있다.

Co-creation은 심화되는 경쟁에서 살아남기 위해 폐쇄적인 혁신에서 벗어나 기업을 둘러싼 모든 이해관계자들이 협력하는 동시에 고객이 원하는 제품을 넘어 고객의 경험까지 활용하는 공동혁신(Co-innovation)을 추구한다. 디자인씽킹은 문제의 본질에 초점을 두고 다양한 이해관계자들의 공감과 소통을 통해 해결해야 할 문제를 정의하고 아이디어를 발굴하여 이를 신속히 테스트한 후 피드백 과정을 거치는 창조적인 해결방법이다. 이처럼 Co-creation과 디자인씽킹은 참여자들의 소통과 협력으로 이전에 없던 새로운 가치를 창출하는 행위를 개념화한 것으로, 기업은 물론 정부와 공공기관에서 활용할 수 있는 새로운 혁신기법이다.

이 책에서는 Co-creation과 디자인씽킹 및 정보기술을 접목한 새로운 혁신 모델을 제시한다. 이 모델은 개념뿐만 아니라 실제 문제에 적용 가능한, 구체적이고 실질적인 절차와 방법을 설명하고 있다. 특히 모델에 관한 이해를 돕기 위해 지역주민 및 지역단체 등이 함께 협력하여 문제를 해결하는 '지역혁신 절차'를 그 예로 들고 있다. 또한 실무 담당자가 사업이나 정책을 실행할 때 이 모델을 쉽게 적용할 수 있도록 문제의 발굴단계에서부터 평가 및 사례저장까지 총 7단계로 구분하고, 각 단계별로 개요 및 목표, 주요 고려사항, 산출물, 추진도, 추진방법 등을 설명하였다.

이 책이 기업과 공공기관, 그리고 정부의 실무자들이 문제를 해결하기 위해 정책을 입안하고 실행하는 데 도움이 되기를 희망한다. 마지막으로 이 책이 나오기까지 자료수집과 작성에 도움을 준 석사 및 박사과정 학생들과 출판사에 감사의 마음을 전한다.

차 례

부 록

제 1 장

공동가치창출을 위한 혁신모델의 탄생-
IT와 디자인씽킹을 통한 지역혁신의 완성

서 론

지역발전을 위해서는 경제, 사회, 교통, 산업 등 전 분야에서의 혁신이 필요하다. 이러한 혁신을 위해 실행 가능한 전략을 수립하기 위해서는 지역주민, 각종단체, 전문가 등 지역사회의 다양한 이해관계자들의 참여와 협력이 필수적이다. 그러나 그동안 정부에서 지역발전을 위한 혁신전략을 수립하는 과정을 살펴보면, 지역사회의 다양한 이해관계자들과 협력하여 혁신전략을 수립하기보다는 양적인 성장에 초점을 두고 대규모 개발사업에 치중하는 경향을 보여 왔으며(차재권·류태건, 2014), 지역사회의 다양한 이해관계자들의 만족을 높임으로써 질적인 성장을 꾀하는 데 정책적 노력이 부족했던 것이 사실이다. 특히 지역발전을 위한 혁신전략의 일환으로 대규모 공공사업을 추진하면서 겪게 되는 정부 및 지방정부와 지역주민, 각종 단체들 간의 갈등은 과거부터 현재까지 계속되고 있으며(박홍엽, 2009), 이러한 갈등은 정부의 노력에도 불구하고 쉽사리 줄어들지 않고 있다.

이처럼 사회문제가 점점 복잡해지고 다양해지는 시대적 상황에 대처하기 위해 최근 정부에서는 '지역혁신을 위한 전략으로 국민과의 소통'에 초점을 두고 소통, 협력, 개방, 공유의 '정부 3.0'을 추진하고 있다. 국민과의 소통과 협력에 초점을 둔 대표적인 정부 3.0의 사례로는 '국민디자인단'을 들 수 있다. 과거 독단적으로 정책을 설계하고 입안하는 것에서 벗어나 정부에서 공무원, 시민, 서비스 디자이너 등 다양한 이해관계자들로 구성된 국민디자인단을 만들고, 이들과 함께 공공정책 및 서비스 설계에 참여하도록 한 것이다. 이는 디자인적 사고(design thinking)와 기법을 적용한 새로운 정책결정모델로서, 공무원 중심의 정책에서 벗어나 수요자인 국민과 함께 직접 문제점을 도출하고 해결책을 찾는 정책모델로 각광받고 있다. 또 다른 예로 독일의 바이에른 주에서는 지역마케팅(Regional Marketing des Landkreis Cham)의 경영전략 중에서 중요한 수단으로 지역주민의 참여를 강화하여 그 지역주민에게 "우리"라는 인식과 동질감을 갖게 하였고, 지역정체성을 확립하는 전략을 추진하여 성공적인 지역발전을 달성한 바 있다(송인성, 2011).

이 책에서는 지역사회에서 다양한 이해관계자들이 함께하는 참여와 협력을 통해 지역의 사회문제를 해결하고 지역혁신을 달성할 수 있는 Co-creation기반 지역혁신모델의 구체적인 실행방법에 대해 기술한다. 특히 기존의 지역혁신모델이나 절차를 바탕으로 최근에 관심이 증가하고 있는 디자인씽킹(design thinking)과 Co-creation을 접목하여 새로운 지역혁신모델을 제시하였다. Co-creation은 소통과 협력을 강조하는 개념으로, 정부 · 단체 · 학교 · 시민 등 경계와 범위를 초월하여 참여자 모두가 소통하고 협력하여 새로운 아이디어를 도출하고, 이를 통해 새로운 가치를 창출할 수 있음을 나타낸다.

디자인씽킹은 고객의 복잡하고 추상화된 욕구를 발견하고 빠른 시간 내에 가장 창조적인 해법을 마련하기 위한 방법론으로 등장하였으며, 사용자와의 깊은 공감을 통해 내면의 욕구까지 발견해내는 것을 목표로 한다. 그래서 디자인씽킹에는 각계각층의 구성원들이 다양한 아이디어를 도출하고 수렴하는 모든 협력과정이 포함되어 있다. 이러한 디자인씽킹의 특징은 기업뿐만 아니라 정부, NGO 등이 추구하는 사회적 혁신에 폭넓게 활용될 수 있다. 실례로 서울시에서 범죄율을 낮추는 범죄예방서비스디자인을 적용하여 주민이 스스로 지킬 수 있는 소금길(Salt Way) 조성사업을 실시하여 성공을 거둔 바 있다. 이와 같이 공감을 통해 사회구성원들이 진정으로 원하는 것을 알아내고 다양한 사회구성원들이 함께 협력하는 과정을 통해 새로운 해법을 찾아내고 최선의 대안을 마련할 수 있다(임성배, 2014).

정부 및 지방정부에서 지역혁신을 추진하고자 할 때 정부 담당자가 Co-creation과 디자인씽킹에 기반한 혁신의 새로운 방법론으로 활용할 수 있을 것이다. 또한 이 방법론은 정부가 지향하는 소통과 협력을 통한 국민중심의 새로운 가치를 창출할 수 있는 유용한 자료가 될 수 있을 것이다.

이 책은 모두 3장으로 이루어져 있다. 1장은 서론으로 지역혁신의 필요성으로 구성하였고, 2장은 지역사회 문제해결을 위한 Co-creation기반 지역혁신모델에 대한 내용과 이를 지역사회의 문제 중 하나인 “해수담수화” 문제에 대한 적용 사례로 구성하였다. 3장에서는 Co-creation기반 지역혁신모델의 단계별 실행방안을 구체적으로 제시하였다.

참고문헌

- 차재권 · 류태건(2014), "지역경제발전을 향한 새로운 접근방법의 모색: 성장동력에 관한 논쟁을 중심으로", 지방정부연구, 제18권 제2호, pp. 157-180.
- 박홍엽(2009), "정부와 시민사회단체 간의 갈등 및 협력요인 분석을 위한 사례연구: 춘천 양상 고속도로 노선선정 관련 갈등 사례를 중심으로", 한국거버넌스학회보, 제16권 제1호, pp. 155-178.
- 미래창조과학부, "창조경제 성공을 위한 프레임과 공동혁신방안 연구", 2014.
- 송인성(2011), "광주, 전남 발전을 위한 독일의 지역개발 정책사례에 관한 연구", 지역개발연구, 제43권 제1호, pp. 107-127.
- 행정자치부 블로그: http://mogahablog.net/11812079(검색일: 2016. 1. 16)

제 2 장

공동가치창출을 위한 혁신모델의 탄생-
IT와 디자인씽킹을 통한 지역혁신의 완성

Co-creation기반 지역혁신모델

1. 지역사회문제와 지역혁신모델

지역혁신은 지역사회의 문제를 바탕으로 지역공동체의 중요성을 인식하는 데서부터 시작된다(홍순구 외, 2014). 지역의 특성에 따라 지역의 공동체가 당면한 문제는 다소 차이가 있을 수 있지만 대개 〈표 1〉과 같이 나타난다.

표 1 지역공동체 문제의 Domain 및 Map

구분	광역시	현안	자치구	지역 혁신성	시민참여 가능성
산업 경제	경제산업 본부	–기업하기 좋은 도시 –서민 생활경제의 안정 • 전통시장 육성, 중소기업 및 서민금융 지원 –투자유치, 일자리 창출 –산업단지 확충 및 금융중심지 육성	전 자치구 지역경제	◎	◎
	산업 정책관	–고용 친화적인 신 성장산업의 발굴·육성 –과학기술기반 확충을 통한 지역산업 성장 촉진 지원 –기술·산업간 융합을 통한 주력산업 고도화 –관광단지 조성사업	해당 자치구	◎	▽
도시 개발	도시개발 본부	–중장기 도시발전계획 수립 –시민 위주의 도시기반시설 확충 –쾌적하고 친환경적 녹색도시 조성 –편리한 지적행정 구현을 위한 지적전산화 사업	전 자치구	◎	◎
방재	건설 방재관	–도시기능 유지를 위한 도로건설 및 효율적 유지관리 –환경과 개발이 조화된 하천 정비 –건설산업 지원, 도시방재구축과 안전한 도시 건설 등	전 자치구	▽	◎
도시 재생/ 건축	창조도시 본부	–살기 좋고 품격 높은 창조도시 조성 –도시낙후지역 창조적 재생 –부산을 상징하는 세계적인 명품공원 조성 등	해당 자치구	◎	○
	건축 정책관	–주택정책 및 건축행정기획 –주거복지, 재개발, 재건축 및 도시경관조성 등	해당 자치구	○	○

구분	광역시	현안	자치구	지역 혁신성	시민참여 가능성
복지/위생	복지건강국	–시민들의 기초생활 보장 등 사회안전망 구축 –고령사회에 대비한 노인복지 증진대책 추진 –질병예방 및 식품위생관리 등	전 자치구	◎	◎
문화관광	문화체육관광국	–글로벌 문화체육관광도시 조성 –시민과 부산방문객 만족 등	해당 자치구	○	○
교통	교통국	–편리하고 쾌적한 교통환경 구축 –디지털 교통도시기반 구축과 대중교통 이용 활성화 –교통수요관리 정책 –항공/해양 등 교통망 확충 등	전 자치구	○	◎
해양	해양농수산국	–해양수도비전 실현을 위한 항만, 수산인프라 확충 –MT산업 육성, 항만물류산업 육성 등	해당 자치구	◎	▽
환경	환경녹지국	–생활환경 개선 • 자연생태 보전 및 황폐해진 도심하천 재생 –녹음과 물이 있는 생태도시	해당 자치구	○	○
소방	소방본부	–소방시설 관리 및 긴급한 사태 대비 • 119구조구급대와 소방항공대 운영·관리 등	전 자치구	▽	○
기타	행정	–예산효율화 및 절감, 시민제안 등	전 자치구	◎	◎

◎: 높음, ○: 보통, ▽: 낮음
출처: 홍순구 외, 2014, p. 4

이처럼 다양한 지역사회 문제를 해결하고 지역혁신을 이루기 위해 중앙정부 및 지방정부는 다양한 정책 및 사업을 추진하고 있다. 그러나 지금까지의 지역혁신은, 정부가 주도하여 정책을 추진한 나머지 지역의 공동체가 요구하는 바가 정책으로 수렴되지 못하는 등 다수 문제점이 지적되었다. 따라서 지역사회의 문제를 해결하고 지역혁신을 이루기 위해서는 과거의 방법에서 탈피하여 지역사회를 기반으로 지역공동체와 함께 소통하고 협력하는 것이 필요하다. 지역사회와 중앙정부 및 지방정부는 공동의 목표달성을 위한 노력을 추진하여 경제적 안정과 사회적 가치를 실현할 수 있는 지역혁신을 이루는 것이 필요하다.

2. Co-creation기반 지역혁신모델

최근 정부에서는 정부 3.0을 추진하면서 그동안의 문제해결방법에서 변화되고 있음을 보여주고 있다. 특히 IT기술의 진전에 따라 행정환경이 급변하면서 중앙정부, 지방정부가 IT기술을 기반으로 하는 전자정부시스템을 중심으로 소통하고 협력하는 방향으로 추진되고 있다. 즉, 정부 및 지방정부에서는 지역사회 주민들의 다양한 목소리에 귀를 기울이고 주민들이 정책에 참여할 수 있도록 함으로써 그들의 요구를 바르게 수렴할 수 있는 거버넌스모델을 추진하고 있다.

이러한 변화는 정책적으로 바람직한 형태로 진전되고 있음을 보여주고 있지만, 아직은 미흡한 수준이다. 따라서 거버넌스모델을 넘어 Co-creation개념을 활용한 새로운 지역혁신모델의 개발이 필요하다. Co-creation은 시민 및 지역사회의 독립성과 자율성을 가진 자발적인 조직 간의 네트워크를 강조하여 기존의 로컬 거버넌스보다 시민 및 조직 등 참여자 모두의 의지, 참여, 책임, 협력이 더욱 중요시되는 개념이다.

Co-creation 개념을 기반으로 한 지역혁신모델은 수요자 중심의 정책을 실현할 수 있는 방법이라는 면에서 실용적이고 효과적이다. Co-creation기반 지역혁신모델은 정부 3.0의 개방, 공유, 소통, 협력의 기본가치와 일맥상통한다. 문제해결과정에서 기존의 정부주도 정책추진전략에서 벗어나 시민 중심, 지역사회 중심의 문제해결 및 가치창출을 위한 접근방식이 추진되어야 한다. 이를 위해 지역사회와 주민의 신뢰를 기반으로 한 협력이 요구된다. 아울러 지방정부, 의회, 기업, 주민 등 지역사회의 다양한 이해관계자들이 자발적으로 참여하고 협력할 수 있는 체계를 구축해야 한다. 따라서 다양한 이해관계자들이 협력하고 참여할 수 있는 연결 플랫폼이 필요하다. 연결 플랫폼을 통해 다양한 이해관계자들이 시·공간을 초월하여 자발적으로 참여하고 아이디어를 만들어낼 때 비로

소 지역혁신은 이루어질 수 있기 때문이다.

Co-creation기반 지역혁신모델은 〈그림 1〉로 요약할 수 있다. 이 모델은 크게 세 부분으로 구성되어 있다, 첫째, 과제설정 및 공감 분야이다. 이 분야는 지역혁신을 위한 1단계 과제발굴과 발굴된 과제에 대한 이해를 돕기 위해 공감하고 문제를 이해하는 2단계로 나눌 수 있다. 둘째, 대안개발 분야이다. 이 분야는 기존의 다양한 자료를 탐색하고 2단계의 문제 이해를 바탕으로 문제를 정의하고 목표를 설정하는 3단계, 목표를 달성하기 위한 아이디어 발산 및 수렴의 4단

그림 1 Co-creation기반 지역혁신모델

계, 실행 초안 및 실행안의 개선, 정책 법제화 및 예산을 결정하는 5단계의 아이디어 구체화 단계로 나눌 수 있다. 셋째, 발굴된 과제에 아이디어를 덧붙여 실행하는 분야로 과제실행 분야이다. 이 분야는 과제/정책을 실행하는 6단계 실행단계와 실행에 대한 평가 및 피드백의 7단계로 나눌 수 있다. 이러한 Co-creation 기반 지역혁신모델은 Co-creation기반 온라인 플랫폼을 중심에 두고 기존의 각종 자료를 포함하고 있는 지식저장소의 자료와 공유되면서 유기적인 형태로 이루어진다.

3. Co-creation기반 지역혁신모델 적용

Co-creation기반 지역혁신모델의 이해를 위해 지역사회의 문제 중 하나인 "해수담수화" 문제에 적용해보면 〈표 2〉와 같다.

표 2 해수담수화 문제 적용 사례

단계	설명	세부단계	내용	방법론	해수담수화 적용 예
1단계 과제발굴	부각된 사회문제나 빅데이터 분석을 통해 해결해야 할 과제를 발굴하고 시각화하여 구체적인 과제를 발굴하는 단계	1.1 이슈 제기 및 이슈 촉발사건	지역사회에서 이슈제기자 및 방송, 신문, SNS, 오프라인 미팅에서 지역혁신과 관련된 이슈가 부각되거나 빅데이터시스템을 통해 자동으로 이슈 감지	–빅데이터 분석 –트렌드 분석	–지역이슈를 소셜 웹 크롤링을 통해 상시적으로 모니터링하고 있던 중 최근 부산시에서 "해수담수화 반대"가 이슈가 되고 있음을 인지
		1.2 빅데이터 분석 및 시각화	모니터링을 통해 발굴된 과제에 대한 이해도를 높이기 위해 시각화 작업 수행		–"해수 담수화 반대" 문제에 대한 감성분석, 데이터 트래픽 조사를 실시하여, 연관관계분석 및 시각화를 통해 쉽게 이해되고 전달될 수 있는 형태로 작성
		1.3 시각화된 이슈의 공유 및 전파	시각화된 이슈 및 과제를 사회적 공감대 확산을 위해 공유하고 전파	–홈페이지, SNS, 전화, 우편 등 온·오프라인 방법	–보도자료 및 부산시 홈페이지, SNS를 통해 배포 –공론화 및 사회적 공감 증폭
		1.4 의제/과제 설정	지역혁신 이슈 및 과제를 최종 정책의제로 결정	–토론 및 회의	–해수담수화 문제의 심각성을 인지하고 문제를 해결하기 위해 관련 기관에서 정책의제로 설정
2단계 공감 및 문제이해	이해관계자의 범위를 설정하여, 과제 또는 의제에 대한 이해관계자들의 반응을 관찰하고 공감하는 단계	2.1 이해관계자 설정	어떤 조직의 목표달성에 영향을 미치거나 목표달성으로 인해 영향을 받는 개인 또는 집단인 이해관계자를 정의하고, 고려해야 할 역학 관계를 총체적으로 파악하기 위해 이해관계자 분석을 실시	–이해관계자 MAP 작성 –이해관계자 분석 (the basic stakeholder analysis)	–해수담수화와 관련된 이해관계자 설정 –부산시, 환경단체, 지역주민, 부산상수도사업본부, 원전안전위원회, 부산시의회, 산업체(두산 중공업), 부산시내 대학 환경공학과 교수, 시민단체(예: 에너지정의행동), 관심을 가진 모든 사람
		2.2 관찰 및 공감	이해관계자의 감정과 생각, 태도 등을 파악하기 위해 정책	–인터뷰 (Interviews) –서비스 사파리	–간접 경험과 인지적 확인을 통해 이해관계자의 감정과 생각, 태도 등을 파악하기

단계	설명	세부단계	내용	방법론	해수담수화 적용 예
			수혜자의 요구와 현 상황을 이해하는 단계로 인터뷰나 관찰을 통해 현 상황을 어떻게 느끼는지 상대방의 입장이 되어 이해	(Service Safaris) - 고객여정지도 (Customer journey map)	위해 이해관계자들의 의견 청취 및 관찰 수행 - 해수담수화에 반대하는 주민이 많은 마을에 들어가 직접 관찰, 체험, 인터뷰, 고객여정지도 제작
3단계 문제정의	기존의 주요 자료를 탐색하여 설정된 의제/과제를 해결하기 위해 구체적인 문제로 재정의하고, 재정의된 내용을 토대로 최종 목표를 설정하는 단계	3.1 자료 탐색	설정된 의제 또는 과제에 대해 비슷하거나 관련 있는 문헌, 보고서, 논문 등 기존의 주요 해결방안을 탐색	- 온·오프라인 자료 검색(문헌 및 웹 자료 검색) - 전문가 인터뷰	- 해수담수화 문제에 대한 다른 나라의 사례 탐색 - 주민과의 갈등 시 해결한 사례 탐색 - 지식저장소 등의 데이터에서 기존의 비슷한 유형의 사회문제를 해결한 방안에 대한 탐색
		3.2 문제정의	설정된 의제/과제에 대해 이해관계자들의 공감으로 얻어진 다양한 쟁점 가운데 구체적으로 무엇을 해결해야 할 것인지에 대한 문제 재정의	- 투표, 설문조사 - 인터뷰, 관찰 - 감정이입	- 해수담수화 문제를 감정이입하여 쟁점이 무엇인지 확인한 결과 안전한 담수화물 공급에 불신, 부동산 하락, 상수도요금 인상 등으로 나타났음 - 주민들의 의사와는 무관한 해수담수화 시설 건설 결정 등의 200여개가 문제 정의 예시로 제시되었고, 이를 기반으로 투표 및 의견교환을 통해 '안전한 담수화 물 공급에 대한 불신'을 해결해야 할 핵심문제로 정의
		3.3 목표설정	문제정의 및 재정의를 토대로 실행되었을 때 얻을 수 최종 목표 설정	- 이해관계자 인터뷰	- 원전 근처 해수담수의 안전성에 대한 검토를 실시하여 "안전한 담수화 물 공급에 대한 신뢰 형성"이라는 공통의 목표 설정
4단계 아이디어 도출	다양한 이해관계자들의 아이디어 발산을 통해 새로운 시도를 포함한 가능한 모든 아이디어를 도출하는 단계	4.1 아이디어 발산	문제 해결에 대해 될 수 있는 한 수많은 아이디어를 만들어 내는 과정으로, 자유로운 발상을 중요시하며 사고에 제한을 두지 않고 지속적으로 아이디어를 확산	- 브레인스토밍 (Brainstorming) - 온라인 공모 - 오프라인 공모	- 부산시 홈페이지, SNS에 해수담수화 문제 해결에 대한 아이디어 공모전 실시 (참여제한 없음, 해결과제에 대한 기간·방법·절차 등을 공고함) - 많은 이해관계자들이 자유롭게 아이디어 및 참여할 수 있도록 인센티브 제시 - 방송, 홈페이지, 관련 기관 등에서 아이디어 모집 홍보 - 해수담수화에 대한 시민의견 공청회, 설명회, 원탁회의 실시 - 수질 테스트, 해수 담수화 과정 투명성 획득, 지속적 연구개발, 고위 공무원 먼저 수도 공급, 수질 평가 기준 강화 등의 1000개 이상의 다양한 아이디어가 제시됨

단계	설명	세부단계	내용	방법론	해수담수화 적용 예
		4.2 아이디어 수렴	발산된 아이디어를 대상으로 네티즌 평가 및 전문가 평가를 실시하여 아이디어를 선정하고 선정된 아이디어 제안자들에게 인센티브 제공	– 아이디어 평가 – 하이라이팅 (Highlighting), PMI(Plus, Minus, Interesting), PPC(Positive-Possibilities-Concerns) 등 – 전문가 평가 – 인센티브 제공	– 제시된 아이디어들 중 네티즌 평가 및 전문가 평가를 통해 수질 테스트로 안전성 검증, 해수 담수화 투명성 획득, 해수담수화에 사업의 지속적 연구개발 방법 등 세 가지 아이디어가 최종 아이디어 후보로 선정
5단계 아이디어 구체화	디자인씽킹의 프로토타입 적용 단계로 본격적인 예산 집행 전에 시도해볼 가치가 있는 아이디어의 시범적용을 통해 아이디어를 구체화하고 이해관계자의 의견을 통해 개선하여 최종안 결정	5.1 실행 초안	수요자에게 실제 경험과 동일한 경험환경을 제공하여 서비스 맥락을 고려한 실현가능성이 높은 환경을 예측하기 위해 시나리오, 시스템 맵, 서비스 프로토타입 등을 활용할 수 있고 이후 각 방안의 장단점 파악을 통해 보다 정교한 모델 개발	– 프로토타입 (Service Protoytpe) (스토리보드, 계획안, 비즈니스 모델 등의 형태) – 서비스 블루프린트 (Service Blueprint)	– 각 아이디어가 스토리보드, 계획안, 역할극, 다이어그램, 비즈니스 모델, 운영모델 등으로 구체적으로 제시되는 과정 – 선정된 세 가지 각 아이디어별로 프로토타입 적용 시 수질 테스트를 위해 국제·국내 전문 수질기관과의 수질 테스트로, 해수 담수화 투명성 획득을 위해 민, 관, 전문가 등이 연계된 수질 감시단 협의회 구성 및 발족으로, 지속적인 연구 개발 적용을 위해 해수담수화분야 클러스터 조성(스토리보드, 계획안, 비즈니스 모델 등의 형태)으로 구체화
		5.2 실행안 개선	도출된 해결방안의 실현가능성을 평가하기 위한 과정으로 수정과 보완을 통해 수혜자의 필요에 가장 부합한 최종안 결정	– 구체화된 실행안 평가 – 개선 – 실행안 결정	– 도출된 해결방안의 최종단계 전 실현가능성을 평가하기 위한 과정 – 각 프로토타입에 대한 주민 및 전문가들의 의견 교환 및 투표 등으로 세 가지 대안(스토리보드, 계획안, 운영모델 등) 중 국제·국내 전문 수질기관과의 수질 테스트가 선정되었으며, 선정된 프로토타입의 성공적인 본 사업화를 위해 전문가 및 여러 이해관계자들의 검토 및 의견교환으로 대안 내용을 개선 – 개선된 최종 대안 제시: 권위 있는 국내외 유수 기관 및 관련 이해관계자의 참여 아래 장기간 지속적인 수질 테스트 실시 – 사업의 실시기간 선정: 지속적인 신뢰를 위해 최초 시행부터 2년간 실시 – 상수도사업본부 권위 있는 수질테스트 기관 선정: 미국국제위생재단(NSF), 미국환경자원협회(ERA),

단계	설명	세부단계	내용	방법론	해수담수화 적용 예
					한국원자력연구원, 부산수질연구소, 코웨이 R&D센터, 카이스트, 서울대학교, 부산대학교, 동아대학교 등 - 수질테스트에 필요한 수질검사기준 설정(주민의 의견을 수렴하여 검사기준에 의혹이 남지 않도록 주민이 요구하는 검사기준 산정) - 주민위원회, 환경단체 등 대표적인 이해관계자 그룹의 대표 10명이 최종 선정되어 수질테스트 과정에 참여
		5.3 정책 법제화 및 예산 결정	과제 또는 정책적 의제가 된 문제를 해결하기 위해 법제화 및 예산을 결정	- 정책 법제화 검토 - 예산 결정	- 현존하는 정책의 변경이나 보완으로도 충분한지를 검토과정 후 행정적 조치로 결정
6단계 실행	지역혁신을 위한 과제 또는 정책을 실행하고 실행하는 과정에 대해 모니터링하는 단계	6.1 과제/정책 실행	지역혁신을 위해 주관부서에서 최종 결정된 과제/정책의 실행	- 정책 실행	- 해수담수화 반대 문제의 경우 정책으로 문제해결을 하기 위해 정책시행에 소요되는 예산 반영 - 해수담수화 반대 해소를 위한 정책 실행(기장해수담수반대대책협의회, 찬성주민협의회, 전문가, 환경단체, 주민과의 끝장토론회 개최) - 해수담수화를 지지하는 주민들에게 해수담수화의 안전성 피력
		6.2 실행 과정 모니터링 및 피드백	실행과정에서의 갈등해결을 확인하거나 과제/정책 실행과정에 대한 온·오프라인 모니터링을 실시하고 그 결과를 정책 실행에 반영	- 온라인 모니터링 - 현장 모니터링	- 해수담수화에 대한 부산시청의 정책실행과정에 대한 시민들의 반응 모니터링 - 관련 부산시청의 정책실행과정에 신문, 방송 등의 언론에 대한 모니터링
7단계 평가 및 피드백	지역혁신 과제/정책 실행에 대한 목표달성도, 이해관계자 만족도 등의 평가를 통해 새로운 개선의견을 도출하고 전체 과정을 지식저장소에 저장하여 향후 문제 해결 시 자료로 활용	7.1 목표달성 평가	사업 또는 정책 실행에 대한 목표달성 평가 실시	- 정책효과성 평가 - 정책성과 평가	- 해수담수화 시설계획단계에서 민관 합동 수질 테스트를 의무화하는 사업을 통해 안전한 담수화 물 공급에 대한 불신 문제가 어느 정도 해결되었는지 검토
		7.2 이해관계자 만족도 평가	이해관계자들의 사업 또는 정책에 대한 만족도 평가 실시	- 설문조사 - 인터뷰	- 안전한 담수화 물 공급에 대한 불신 문제 해결 정도에 따른 이해관계자의 만족도 평가(각각의 이해관계자 중 표본 추출하여 인터뷰로 평가)

단계	설명	세부단계	내용	방법론	해수담수화 적용 예
		7.3 개선의견 수렴	목표달성 평가 및 이해관계자 만족도 평가를 통해 개선 의견 수렴 및 피드백	– 포커스그룹 인터뷰	– 민과 관의 안전성을 평가하는 기준의 의견합의가 쉽게 이루어지지 않음(수질 평가에 대한 독일의 기준을 도입하자) – 조사과정에 민간전문가가 해수담수화시설 건설사의 관련자인 경우가 발견되었음(수질 감시단 협의회 회원 및 전문가 선정기준 강화)
		7.4 피드백 및 지식 저장소 저장	지역혁신 과제 발굴부터 평가까지의 사례를 지식저장소에 저장하여 향후 유사 문제 해결 시 참고 자료로 활용	– 사례분류 및 저장	– 사례를 갈등 정도에 따라 재분류 후 유형별로 지식저장소에 저장 – 사례별 주요 자료 및 참고 자료 첨부 – 개선에 반영되는 단계로 피드백

▎참고문헌

- 홍순구 · 한세억 · 이현미(2014), "지역공동체 문제해결을 위한 Co-creation 접근", 한국지역정보화학회지, 제17권 제1호, pp. 1-24.
- 박병춘(2012), "지역발전과 지역공동체 - 지역공동체 활성화를 위한 모형 및 기본 정책방향을 중심으로", 지역사회연구, 제20권 제2호, pp. 1-26.

제 3 장

공동가치창출을 위한 혁신모델의 탄생-
IT와 디자인씽킹을 통한 지역혁신의 완성

Co-creation기반 지역혁신모델의 단계별 실행 절차

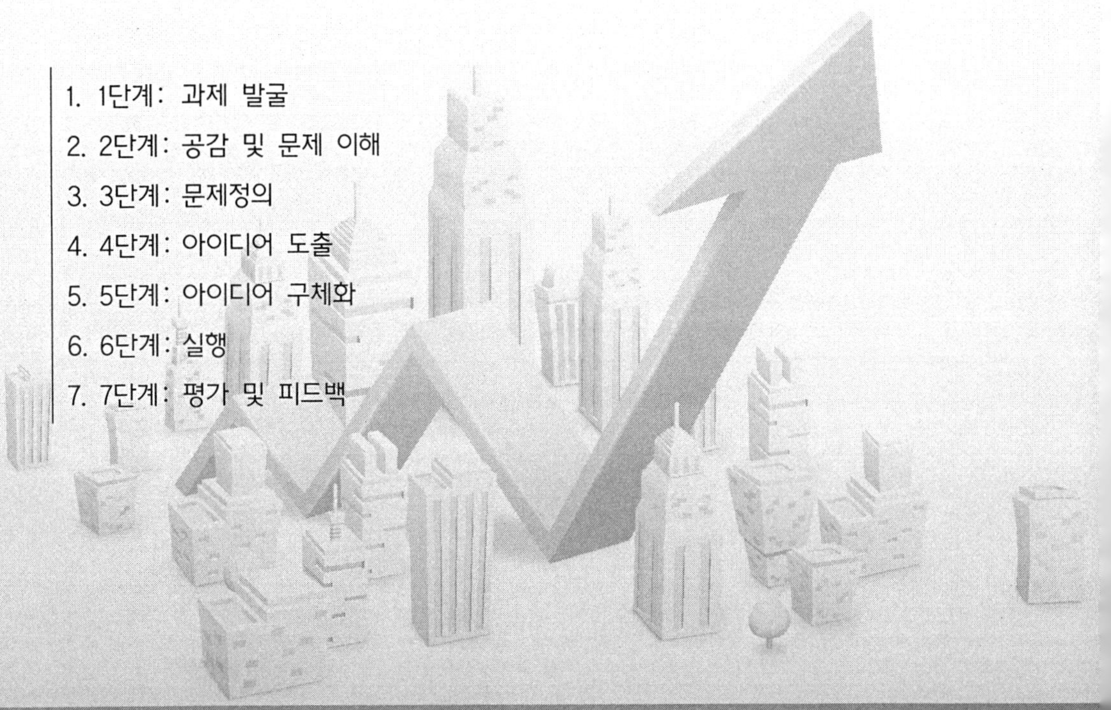

본 장에서는 Co-creation기반 지역혁신모델의 단계별 실행 절차를 구체적으로 작성하였다. 단계별 실행 절차는 1단계 과제 발굴에서부터 평가 및 피드백의 7단계에 이르는 것으로 세부사항은 〈그림 2〉와 같다. 이는 지역혁신을 위해 단계별로 순차적으로 진행하는 것도 필요하지만 지역사회 문제에 따라 유연하게 적용할 수도 있다. 또한 앞서 제시되었던 〈그림 1〉과 같이 Co-creation기반 지역혁신모델은 Co-creation기반 플랫폼을 중심으로 모든 정보들이 공유되고 소통된 자료를 바탕으로 이루어지며, 각 단계별 실행 절차 및 실행 결과 등의 전체 사례 자료는 지식저장소에 저장되어 또 다른 사회문제 해결에 활용될 수 있다.

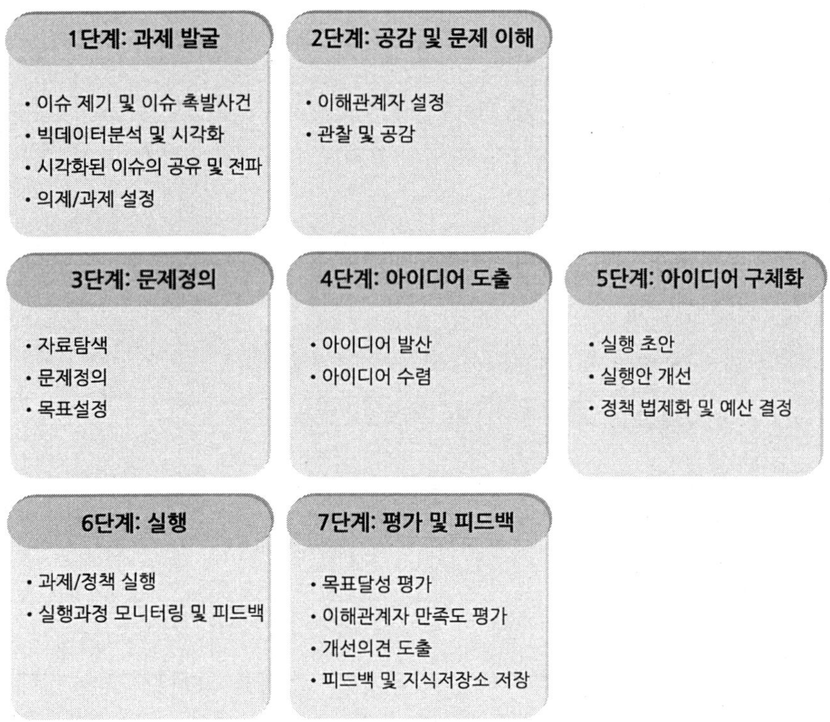

그림 2 단계별 실행 절차

1. 1단계: 과제 발굴

1) 개 요

1단계는 지역사회에서 이슈 제기자, 방송, 신문, SNS, 설명회 및 공청회 등 오프라인 미팅에서 지역혁신과 관련된 이슈가 촉발 또는 부각되거나 빅데이터 분석시스템을 통해 자동으로 감지하여 지역사회에서 이슈가 되고 있는 과제를 발굴하는 단계이다. 1단계에서는 발굴된 과제를 시각화하고 공론화시켜 정책의제 및 각종 지역혁신 관련 사업을 도출하게 된다.

2) 목 표

이 단계의 구체적인 목표는 다음과 같다.

- 이슈 제기자 및 방송, 신문, SNS, 오프라인 미팅 등을 통해 지역혁신과 관련된 과제 발굴
- 빅데이터시스템을 이용한 상시 모니터링으로 지역사회에 이슈가 되고 있는 과제를 감지
- 문제의 이해도를 높이기 위한 이슈의 시각화
- 이슈의 사회적 공감대 확산 및 공론화 방법 파악
- 최종 과제 및 의제로 결정

3) 주요 고려사항

이 단계에서 성공적으로 실행하기 위해 고려해야 할 주요 사항은 다음과 같다.

- 사회적 이슈를 상시 감지하는 빅데이터시스템을 활용할 경우 빅데이터 분석과 관련된 전문적인 지식이 필요하므로 필요시 전문가에게 의뢰
- 사회적 이슈와 관련된 정책이나 사업 계획이 이미 수립되어 있는지 확인 필요

– 신속하게 처리되어야 할 이슈일 경우에는 이해관계자의 의견수렴 없이 바로 시각화 및 공감대 확산을 위한 홍보방안을 우선적으로 수립
– 정책 및 과제를 발굴하는 방법은 순차적으로 진행할 수도 있지만 적절하게 선택적으로 또는 병행하여 활용할 수 있음

4) 산출물

이 단계에서 도출되는 산출물은 다음과 같다.

– 지역사회의 관심이 증가하고 있는 사회적 이슈 리스트(예: 부산시 에코델타시티건설, 북항재개발사업 확대, 해수담수화사업 반대 등)
– 이슈에 대한 시각화 그림 및 결과물
– 최종 정책의제서 및 과제설정서

5) 1단계 추진도

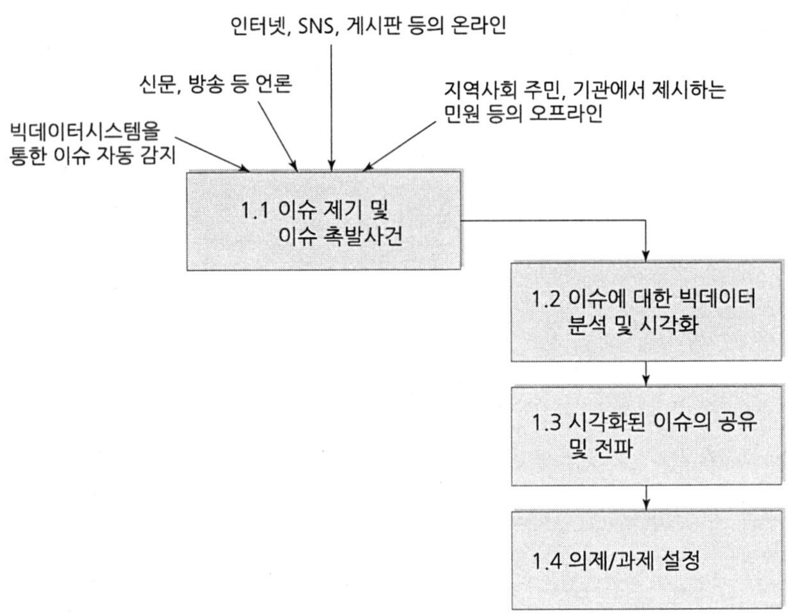

그림 3 1단계 추진도

6) 추진방법

1단계 추진도에 따른 구체적인 실행방법은 다음과 같다.

1.1 이슈 제기 및 이슈 촉발사건으로부터 이슈 인지

이슈 촉발사건으로부터 방송, 신문, SNS, 공청회 및 설명회 등의 오프라인 미팅에서 제기되고 있는 이슈를 신속하게 인지하는 것이 중요하다. 또한 빅데이터 분석시스템을 통해 이슈를 자동으로 감지할 수도 있다. 담당자는 인지된 이슈에 대한 중요성을 인식하고 보충자료를 수집한다.

(1) 방송, 신문, SNS 등에서 제기되고 있는 지역사회 관련 이슈를 인지하고 이와 관련된 설명회, 공청회, 원탁회의 등 필요시 오프라인 미팅 개최(p. 29 오프라인 미팅 참조)

- 이슈에 따라 공청회, 설명회, 원탁회의 등 어떤 방법의 오프라인 미팅을 추진할지를 담당자가 파악

(2) 소셜 웹 크롤링(p. 34 웹 크롤링 예시 참조) 등 상시적 모니터링 시스템에서 최근 지역사회에서 활발하게 제기되는 이슈가 무엇인지를 모니터링

(3) 모니터링된 사회 이슈 중 빈도가 가장 많은 이슈를 포착하여 담당자에게 알리고 정책수립 및 지역혁신 사업계획이 필요한 이슈에 대해 관리자에게 보고

1.2 빅데이터 분석 및 시각화

부각된 사회 이슈에 대해 폭넓은 계층 및 각종 정보원으로부터 관련 자료 및 정보를 수집하고, 수집된 자료를 데이터마이닝 등 빅데이터 분석, 근거이론 분석 등으로 정책화 및 사업화 가능성을 검증하며, 지역사회 주민 및 모든 이해관계자들이 쉽게 이해할 수 있는 형태로 이슈에 대해 시각화한다. 이슈에 대한 가능성 검증 및 시각화하는 방법은 전체적으로 모두 수행할 필요는 없으며, 이슈에 따라 담당자가 필요한 분석을 선택하여 활용할 수 있다. 텍스트마이닝 분석

과 근거이론 분석의 경우 담당자가 분석하는 데 한계가 있을 수 있기 때문에 전문가에게 의뢰하여 분석결과를 도출하도록 한다.

(1) 이슈와 관련된 각종 자료 수집

–촉발된 사건으로부터 이슈화된 신문기사, SNS, 방송 등의 자료를 수집하여 텍스트화

(2) 수집된 자료로부터 빅데이터 분석 실시

–이슈와 관련된 키워드에 대한 트렌드 분석 실시(p. 31 트렌드 분석 참조)

–수집된 텍스트 자료에 대한 텍스트마이닝 분석 실시(p. 35 빅데이터 분석 시각화 참조)

–키워드와 관련된 연관성 분석 실시(p. 35 빅데이터 분석 시각화 참조)

(3) 근거이론 분석 실시

–이슈로부터 텍스트화된 자료를 토대로 근거이론 분석 실시(p. 32 근거이론 분석 참조)

–이슈에 대한 주요 개념을 범주화하여 도출되는 주요 요인을 표로 작성

–도출된 주요 요인을 바탕으로 패러다임 모형 도출

(4) 근거이론 분석 및 빅데이터 분석 결과에 대한 시각화 실시

–앞서 실시된 트렌드 분석, 텍스트마이닝, 연관성 분석 결과를 이해하기 쉽게 그래프 또는 그림으로 작성(p. 31 트렌드 분석 참조, p. 35 빅데이터 분석 시각화 참조)

1.3 시각화된 이슈의 공유 및 전파

지역사회의 사회적 공감을 증폭시켜 실제 지역혁신 관련 과제 및 정책의제로 발전할 수 있도록 이슈를 공유하고 전파한다.

(1) 많은 사람들이 이해할 수 있도록 방송, 신문, SNS 등을 통한 이슈 공유 및 전파 계획 수립

–담당자가 이슈의 공유 및 전파 방법에 대해 총체적 계획수립(예: 전단 및

포스트, 유관기관 홈페이지 및 방송, 신문, SNS, 현수막 등)
- 공유 및 전파를 위한 홍보 횟수, 정도, 일정 등의 세부 내용 점검
- 공유 및 전파에 소요되는 예산 확보 계획 수립
- 공유 및 전파를 위한 관련 기관에 전화, 이메일, 우편 등으로 협조 요청

(2) 이슈를 방송, 신문, 지역정부기관 홈페이지, SNS 등에 게시하여 공유 및 전파
- 시각화된 이슈내용을 중점적으로 온라인 및 오프라인 공간에 게시하여 많은 사람들이 공유하도록 함

(3) 공유 및 전파에 대한 결과 평가
- 공유 및 전파 결과에 대한 의견청취 및 자체평가 실시

1.4 최종 의제/과제 설정

이슈의 해결 필요성에 대한 공감대가 형성되었다면, 이와 관련된 전문분야와 행정 주관부서, 정책결정권자에 대해 파악하고, 어떠한 사업으로 해결할지 결정하고 이를 구체화한다. 즉, 제기단계에서 표출된 불만이나 고충을 구체적인 요구로 전환시켜 지역혁신을 위한 구체적인 의제/과제로 설정한다.

(1) 이슈에 대한 최종 의제/과제로 구체화
- 여러가지 방법에 따라 이슈를 최종 의제/과제로 구체화(의제의 경우 p. 37 정책의제 설정 유형 사례 예시 참조)
- 많은 사회적 구성원이 동일한 문제로 고민하고 있는 것이 사회적 이슈로 발전하고 이를 정부가 개입하여 공식적으로 문제를 해결하기로 결정되는 것이 정책의제
- 의제와 관련된 주요 행정 주관부서, 정책결정권자의 검토

(2) 의제/과제 설정
- 정부 또는 지역사회가 해결해야 할 최종 의제/과제 제시

7) 1단계에서 활용되는 템플릿 및 사례 예시

■ 오프라인 미팅

설명회, 공청회, 원탁회의 등과 같은 오프라인 미팅의 가장 주요한 목적은 사회적 이슈와 관련된 다양한 이해관계자들의 의견 및 공감대를 형성하고, 이를 기반으로 새로운 아이디어를 도출하는 것이다. 이러한 오프라인 미팅을 통해 이해관계자들의 의견 및 아이디어를 정책에 반영할 수 있게 됨으로써 정책화 또는 사업실행 등이 추진되었을 때 지역사회의 정책적 만족도 또는 사업실행 결과에 대한 만족을 높일 수 있다.

공식적인 오프라인 미팅을 위해서는 완벽한 준비가 필요하다. 모든 참석자는 오프라인 미팅의 목적과 목표가 무엇인지, 그들이 제시하는 아이디어 및 의견이 어떠한 사항으로 들어가야 하는지 등에 대해서 숙지할 수 있도록 미팅 담당자는 철저히 준비하여 참석자들에게 알려 주어야 한다.

참석자가 사회적 이슈보다는 개인 이익에 대한 생각을 먼저 갖지 않도록 유도하는 것도 필요하며, 오프라인 미팅의 장애요인이 발생하지 않도록 미팅의 목적 및 논의사항에 대해서 사전 준비를 하여 참석자들에게 배포하는 것이 필요하다.

오프라인 미팅에서 제시되는 자유로운 의견 및 토론 내용은 기록하고, 작성된 기록지는 관리자의 승인을 거쳐 이슈의 사업 및 정책화 가능성 검증 및 이슈 시각화에 활용될 수 있도록 준비하여 둔다.

오프라인 미팅 절차

(1) 오프라인 미팅 계획

- 미팅 목적을 정의함(사회적 이슈 정도 및 주민들이 느끼는 정도 등 파악)
- 미팅 규모(장소, 참석자 수, 방법 등)를 계획함
- 미팅 개최에 대한 비용 계획을 수립함
- 미팅 전담부서에서는 이슈와 관련되어 있는 연관부서(다른 부서 협력자) 담당자 및 전문가 등의 협력이 가능한 범위를 설정

(2) 오프라인 미팅 대상자 선정 및 참석 알림

- 미팅 개최에 대한 내용 및 목적 등을 온라인(지방정부 홈페이지, SNS)에 게시함
- 일반시민 등 다수의 참여자가 필요할 경우 온라인(지방정부 홈페이지, SNS 등)에서 참여 의사가 있는 사람들로부터 참여 접수를 받음
- 이슈와 관련된 전문가, 직접적인 이해관계자 범위에 있는 사람들의 초청이 필요하다고 판단될 경우 명단을 작성함
- 오프라인 행사 참여자 결정(최종 오프라인 행사 참석자 명단 정리)
- 전문가 및 주민을 비롯한 관련 이해관계자 참석 명단에 따라 이메일, 전화, 우편물 송부
- 필요에 따라서는 참석대상자에게 참여 여부를 전화 또는 이메일로 확인

(3) 오프라인 미팅 개최

- 참여자들이 자유롭게 이야기하는 속에서 이슈에 대한 요구사항, 중요성, 사업 및 정책화해야 할 요소들을 파악
- 오프라인 미팅 참여자들이 제시하는 의견 및 쟁점에 대해 메모 및 녹음

(4) 오프라인 미팅 개최 결과 분석

- 미팅에서 도출된 요소들을 정리 및 분석
- 결과에 대한 보고서 작성

오프라인 미팅 표지 및 결과 기록지

<table>
<tr><th>표지</th><th>결과 기록지</th></tr>
<tr>
<td>
제목

간략한 인사말
주최:
일시:
장소:
진행순서:
문의사항 및 담당자명:
</td>
<td>
참여자 명단
<table>
<tr><th>순번</th><th>성명</th><th>직업</th><th>서명</th><th>비고</th></tr>
<tr><td></td><td></td><td></td><td></td><td></td></tr>
<tr><td></td><td></td><td></td><td></td><td></td></tr>
</table>
참여자들의 의견수렴 및 결과내용
<table>
<tr><th>순번</th><th>의견제시자</th><th>의견내용</th><th>주요
키워드</th></tr>
<tr><td></td><td></td><td></td><td></td></tr>
<tr><td></td><td></td><td></td><td></td></tr>
</table>
</td>
</tr>
</table>

■ 트렌드 분석

트렌드 분석은 최근의 사회적 이슈 정도를 신속하게 시각화하여 표시할 수 있는 방법이다. 이러한 트렌드 분석은 이슈에 대한 키워드의 빈도를 그래프로 보여줌으로써 이해관계자들의 관심 정도를 파악할 수 있다.

트렌드 분석에 가장 많이 활용되고 있는 프로그램은 네이버 트렌드와 구글 트렌드 분석이 있다. 네이버 트렌드는 웹사이트(http://datalab.naver.com/ca/step1.naver)에서 조회 기간과 핵심 주제어를 입력한 후 '조회하기' 버튼을 클릭하면 시각화된 모습이 나타난다.

구글 트렌드는 웹사이트(https://www.google.com/trends/)에서 주제어를 입력하면 시간흐름에 따른 관심도 변화, 지역관심도, 관련 검색어 등의 전 세계적인 트렌드를 보여준다. 이러한 프로그램은 주제어에 따라 지역의 특성에 따라 담당자가 적절히 활용할 수 있다.

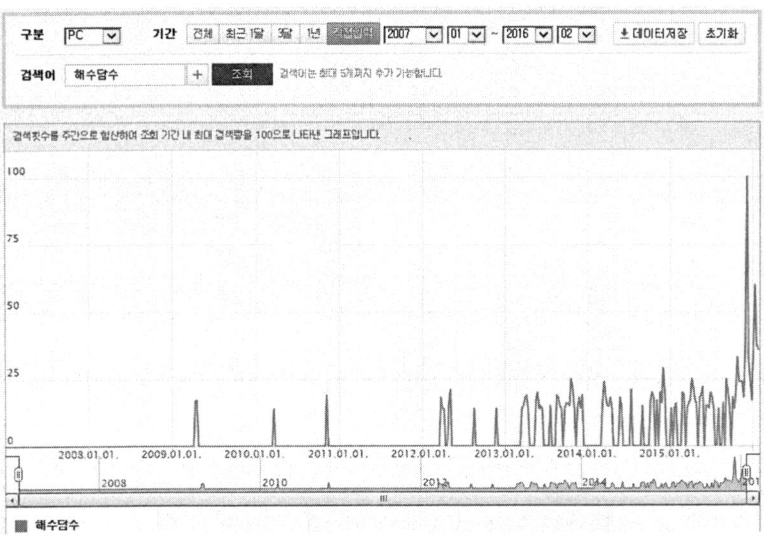

그림 4 "해수담수"에 대한 네이버 트렌드 분석 결과(분석일: 2016. 2. 13)

예를 들어 부산광역시에서는 '해수담수화'에 대한 이슈가 제기되었다. 해수담수화사업에 대해 찬성과 반대하는 주민, 지방정부, 전문가 등에서 갈등이 증폭되었고, 이를 해결하기 위해 주민대책위가 결성되고 주민토론회 및 언론, SNS에서 정책적 공방이 계속되었다.

"해수담수"에 대한 네이버 트렌드 분석을 실시해보면 결과는 〈그림 4〉와 같이 시각화된다. '해수담수'에 대한 시각화 결과를 분석해 보면, 2016년 2월에 최고조에 달하였음을 알 수 있다.

■ 근거이론 분석

근거이론 분석은 실제 자료에 근거해서 귀납적으로 이론을 만들어내는 질적 연구방법론이다. 이는 어떠한 사회적 상황에서 일어나는 핵심적인 과정을 파악하기 위해 다양한 자료를 토대로 일반적인 이론을 도출할 수 있다.

사회적 이슈에 대한 근거이론 분석을 위해 이슈와 관련된 전문가를 선정한다. 이슈와 관련된 각종 신문, 문서자료, 사진 등의 참조자료를 확보하고 선정된 전문가를 대상으로 심층면접을 실시한다.

심층면접 시 참여자에게 동의를 구하고 녹음 등을 통해 자료를 수집한다. 심층면접 자료 외에도 갖가지 종류의 통계자료, 기록물 등 가능한 자료를 수집하여 분석에 활용한다.

심층면접 자료 및 참조자료 등을 토대로 현상을 분석하기 위해 먼저 자료로부터 범주를 만드는 개방코딩을 실시한다. 개방코딩에서는 단어의 빈도수에 의해 문장을 정성적으로 분석하여 범주화하는 것이 핵심이다. 이 때 분석에 필요한 프로그램으로 QSR Nvivo를 활용할 수 있다.

개방코딩에서 도출된 범주들 간의 관계를 속성과 차원에 따라 연결시키는 축코딩을 실시한다. 축코딩에서 도출한 핵심범주를 토대로 전체적 통합 및 정교화하는 선택코딩을 실시한다.

이러한 3단계 분석 결과를 도출하기까지 반복적으로 비교하는 과정을 거쳐야 한다. 근거이론 분석은 전문적인 지식이 필요하기 때문에 외부 전문가에게 의뢰해야 한다.

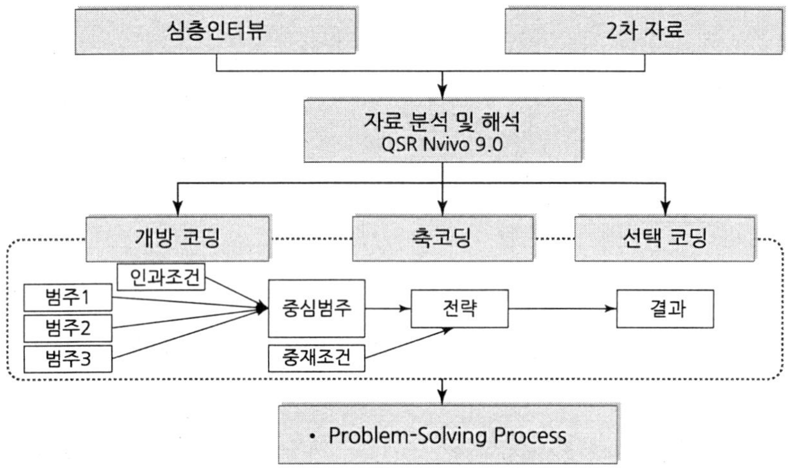

그림 5 근거이론 분석 과정

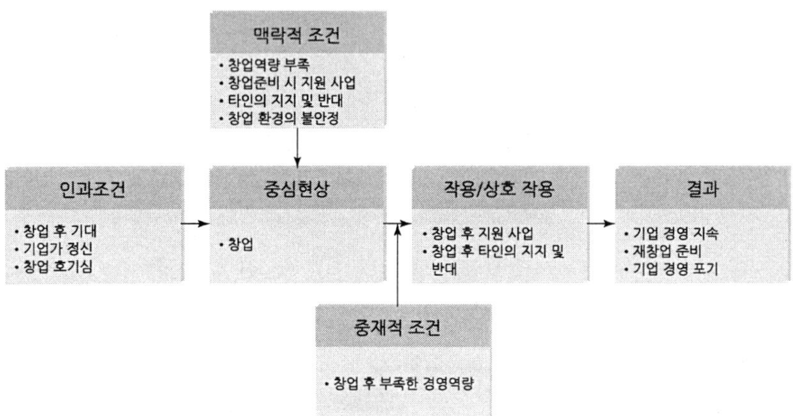

출처: 김나랑 외, 2014, p. 41

그림 6 근거이론 분석 결과 패러다임 모형

■ 빅데이터 분석을 위한 웹 크롤링 예시

빅데이터 분석을 위해서는 자료 수집이 중요하므로 웹이나 소셜 네트워크에서 수없이 생성되는 자료들을 수집할 수 있는 웹 크롤링 시스템이 필요하다. 웹 기반의 사용자 인터페이스를 가지고 있는 코난 소셜 크롤러라는 기업이 대표적이다. 코난은 빠르게 생성되고 확산되는 소셜 데이터를 실시간 수집이 가능하게 지원하고 하루 평균 500만 트윗을 수집할 수 있도록 해준다. 누구나 이용이 가능하고 포스트별, 사용자별, 일자별, 시간대별 통계 조회도 가능하며, 다양한 형태의 시각적 정보도 전달해 준다.

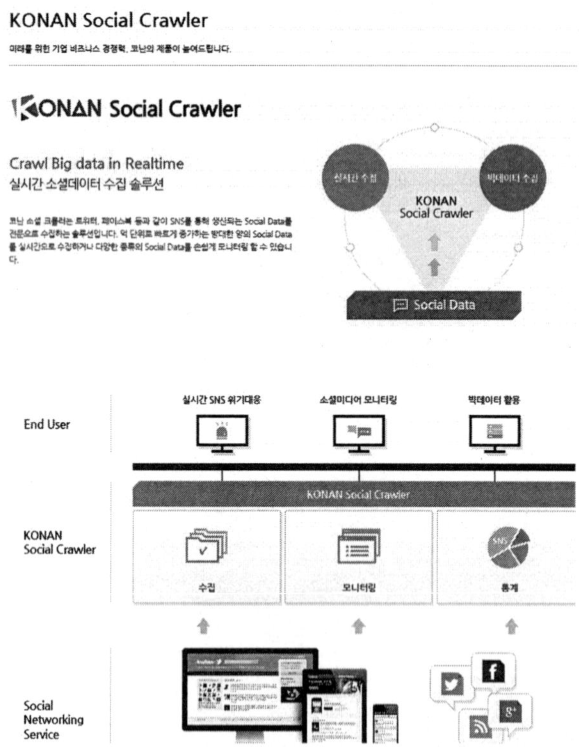

그림 7 웹 크롤링 서비스(KONAN Social Crawler 홈페이지, http://www.konantech.com/?products=konan-social-crawler)

■ 빅데이터 분석 시각화

수많은 데이터들이 만들어내는 패턴을 시각화하면 현재 어떠한 일이 일어나고 있는지, 앞으로 어떻게 전개될 수 있을지 등에 대해서 직관적이고 명확한 이해를 할 수 있도록 해 준다.

빅데이터 분석의 시각화를 위해서는 먼저 데이터를 수집하는 것이 필요하다. 데이터 수집은 웹 크롤링엔진(Crawling Engine)으로 온라인 상에서 이슈가 되고 있는 비정형의 텍스트 자료를 실시간으로 수집한다. 수집된 텍스트 자료는 KrKwic 프로그램을 활용하여 키워드별로 빈도분석과 함께 키워드와 동시에 출현하는 주제어에 대한 특징을 분석한다.

키워드별 핵심어가 도출되고 나면 연관관계를 알아보기 위해 NetMiner 프로그램을 활용하여 네트워크 및 중심성, 매개중심성 분석 등을 실시하여 각 키워드 간의 연계성 파악, 군집화 등의 결과를 분석한다.

이러한 빅데이터 분석은 핵심 키워드 도출과 함께 키워드 간 관계, 요약 등의 방법을 통해 빅데이터에 숨겨진 의미 있는 정보를 이해하기 쉽도록 시각화할 수 있다. 특히 텍스트 데이터에 대한 시각화는 텍스트의 형식, 패턴, 관계, 트렌드 등을 시각적으로 보여줌으로써 텍스트가 내포하고 있는 정보를 보다 쉽게 파악할 수 있도록 해준다.

빅데이터 분석에 활용되는 KrKwic나 NetMiner 등의 프로그램은 담당자가 활용할 수 있는 경우를 제외하면 전문가에게 분석을 의뢰하는 것도 필요하다.

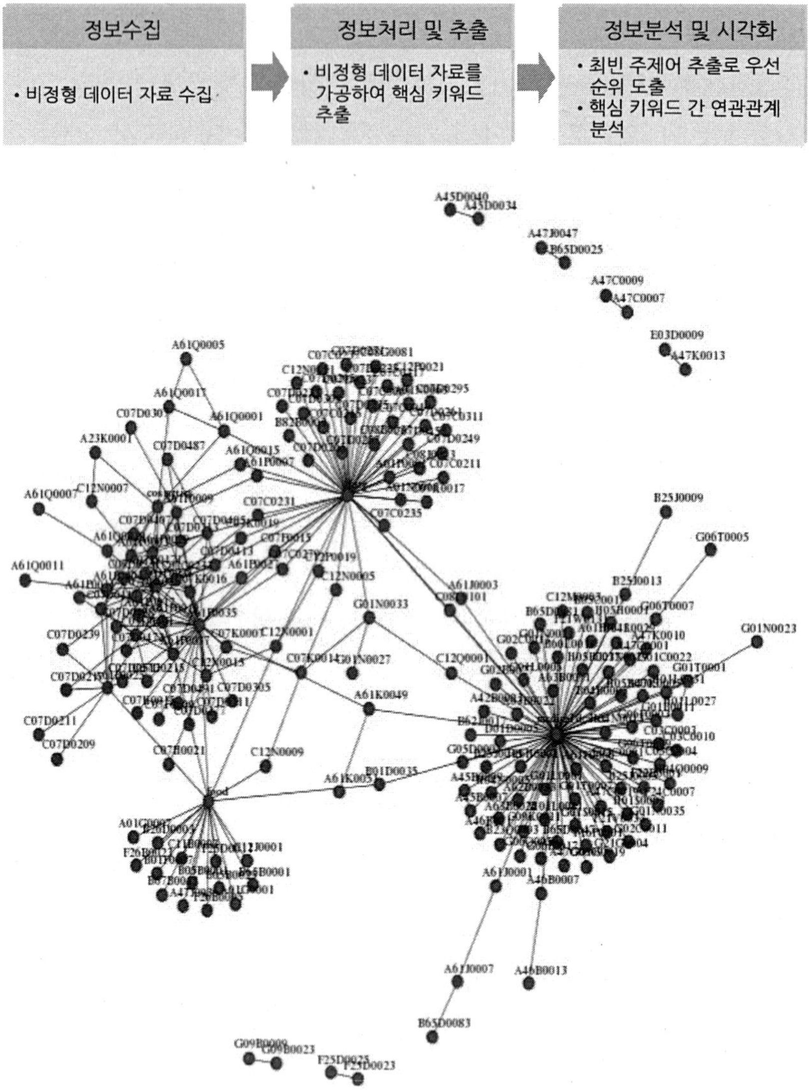

출처: 한국보건산업진흥원, 2014, p. 25

그림 8 키워드 네트워크 분석결과

■ 정책의제 설정 유형

사회의 다양한 이슈들 중에서 정부가 정책을 통해 해결하는 문제로 결정하는 과정이 바로 정책의제 설정이다. 즉, 사회에서 제기되고 있는 여러 가지 사회문제들 중에서 심각한 결과를 초래한다고 판단되는 문제를 선별하고, 이를 해결하기 위해 원인을 분석하고 해결책을 제시하는 등 제반 과정을 정책적으로 시도하고 결정할 수 있도록 하는 것이다(김은지, 2014). 김은지(2014)는 정책의제를 설정하는 유형을 다음의 3가지로 구분하고 있다.

(1) 외부주도형

정책의제에 관한 요구가 대체로 매스컴, 여론지도자, 이익집단, 그리고 정당 등에 의해 이루어진다. 이 과정에서는 동일한 불만에 대해서도 다양한 요구가 나올 수 있으며 또한 동일집단 내에서도 다양한 요구가 구체화된다. 이 유형은 주로 강요된 정책문제에 해당되며 페놀오염, 벤처지원, 개방형 임용제, 금융실명제 등이 해당된다.

(2) 동원형

정치지도자들에 의해 제안·발표된 새로운 정책이나 사업에 대해 공중의 반응을 알아보고 이에 의거하여 구체적인 세목을 탐색하고 결정하는 유형으로 전문가의 영향력이 크다. 새마을운동, 가족계획사업, 경부고속도로건설, 올림픽 유치 등이 해당된다.

(3) 내부접근형

불만이나 고충을 정책안으로 제기한 개인이나 집단들이 정책안에는 관련이 없으나 정책안의 성립에 필요한 다른 지도자들과 정책결정자들에게 동조를 추구하여 정책안을 제시하는 유형으로 관료주도의 경제개발계획, 무기구입계약, 국방 및 외교정책 등이 해당된다.

참고문헌

- 김은지(2014), “정책유형에 따른 SNS의 정책의제 설정과정 차이연구: 트위터를 중심으로”, 서울대학교 대학원 석사학위논문.
- 한국보건산업진흥원(2014), “국내 특허정보를 활용한 보건산업 융복합 동향분석”, 융합산업전략실 동향분석팀 연구보고서, 2014. 12.
- 김나랑 · 홍순구 · 이현미(2014), “근거이론에 기반한 청년 벤처 창업 활성화 방안 연구”, 벤처창업연구, 제9권 제3호, pp. 33-45.
- 행정학과 이성복 블로그 http://blog.naver.com/valentineme/90176354585, 검색일 2016. 3. 5.

2. 2단계: 공감 및 문제 이해

1) 개 요

2단계는 이해관계자의 범위를 설정하여, 과제 또는 의제에 대한 이해관계자들의 반응을 관찰하고 공감하는 단계이다. 즉, 이해관계자가 처해진 환경과 상황에 대한 관찰을 통해 그들이 느끼는 감정을 이해하는 과정으로, 상대방의 입장이 되어 숨겨진 요구사항을 파악하여 문제를 정확하게 정의할 수 있도록 도와준다.

2) 목 표

이 단계의 구체적인 목표는 다음과 같다.

- 문제와 관련된 이해관계자 설정
- 문제에 대한 관찰 및 공감

3) 주요 고려사항

이 단계에서 성공적으로 실행하기 위해 고려해야 할 주요 사항은 다음과 같다.

- 모든 문제에 대한 가능성을 열어두고 확장된 사고를 하며, 풍부한 결과를 얻어내야 함
- 관찰기법 선택 시, 해당 기법을 통해 보고자 하는 것을 명확히 해야 비효율적이고 무의미한 조사를 예방할 수 있음
- 선택된 관찰기법 수행 시, 사안에 따라 제약이 많기 때문에 처한 환경에 맞게 기법을 수정하고 개발하여 사용하여야 함
- 이해관계자로부터 정확한 정보를 얻기 위해서는 인터뷰 시 담당자의 편견이 주입되지 않도록 유의하여야 함

4) 산출물

이 단계에서 도출되는 산출물은 다음과 같다.

- 이해관계자 정의: 조직의 목표달성에 영향을 주고받는 이해관계자 정의
- 이해관계자 지도(map): 이해관계자 현황 조사를 통해 도출된 현재 사업 구조 그림
- 이해관계자 분석서: 사업 참여 이해관계자의 현황, 속성, 요구사항을 조사 분석한 기술서
- 인터뷰 자료: 인터뷰의 말과 행동에 대한 기록, 음성, 사진 자료
- 서비스 사파리(Service Safaris): 음성, 문자, 사진, 동영상 등 이해관계자의 디지털 데이터
- 고객여정 지도(Customer Journey Map): 이해관계자의 경험을 생생하고 체계적으로 시각화한 자료

5) 2단계 추진도

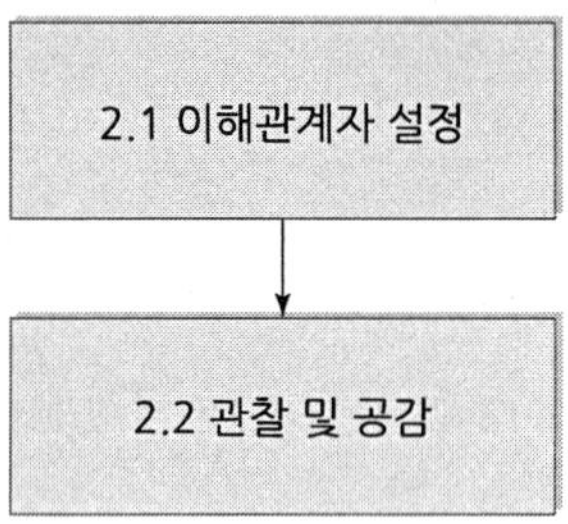

그림 9 2단계 추진도

6) 추진방법

2단계 추진도에 따른 구체적인 실행방법은 다음과 같다.

2.1 이해관계자 설정

어떤 조직의 목표달성에 영향을 미치거나 목표달성으로 인해 영향을 받는 개인 또는 집단인 이해관계자를 정의하고, 고려해야 할 역학관계를 총체적으로 파악하기 위해 이해관계자를 분석한다.

(1) 이해관계자 지도(map) 작성

– 개요

- 프로세스의 이해관계자를 파악하며 그들의 요구사항과 동기를 고려하고, 각 요소별 연결관계를 파악하는 데 유용한 기법
- 분석에 들어가기 전 이해관계자들의 관계와 요구사항 등을 기본적으로 파악하고 분석 방법론을 적용하면 유용한 통찰력을 얻기에 용이함

– 작성 단계(p. 46 이해관계자 MAP 참조)

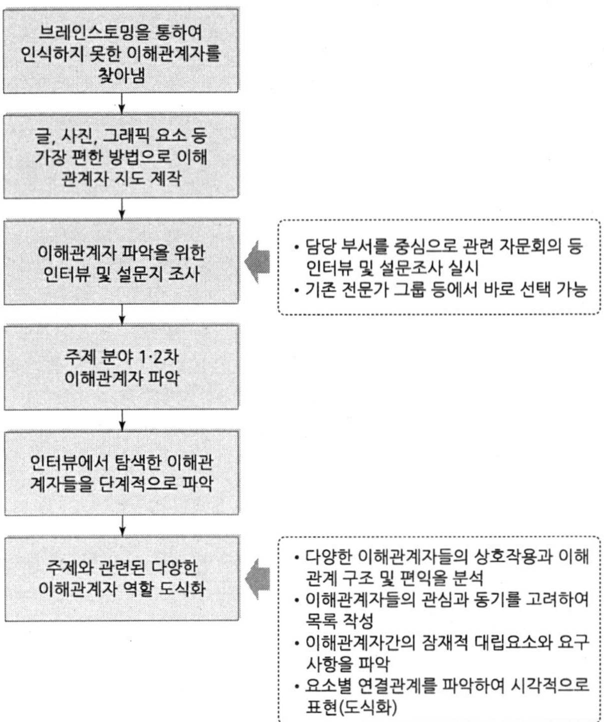

(2) 기본적인 이해관계자 분석(basic stakeholder analysis)

–개요

- 서비스 프로세스의 이해관계자를 파악하고 그들의 요구사항과 동기를 고려하며, 각 요소별 연결관계를 파악하는 데 유용
- 본격적인 분석 전 이해관계자들의 관계와 요구사항 등을 기본적으로 파악하고 분석 방법론을 적용하면 통찰력을 얻기에 용이함
- 특정 목적에 대한 개인 또는 특정 그룹이 형성하고 있는 다양한 관점의 이해관계를 확인하고 파악하는 데 이용
- 조직의 목표 실현이라는 측면에서 이 분석은 전략적으로 매우 중요한 수단이 될 수 있음
- 조직은 전략을 계획하고 실행하며 대다수 이해관계자들을 만족시키는 결정을 내리거나 최선의 안을 결정하는 데 관여해야 함

–작성 단계(p. 48 기본적인 이해관계자 분석 참조)

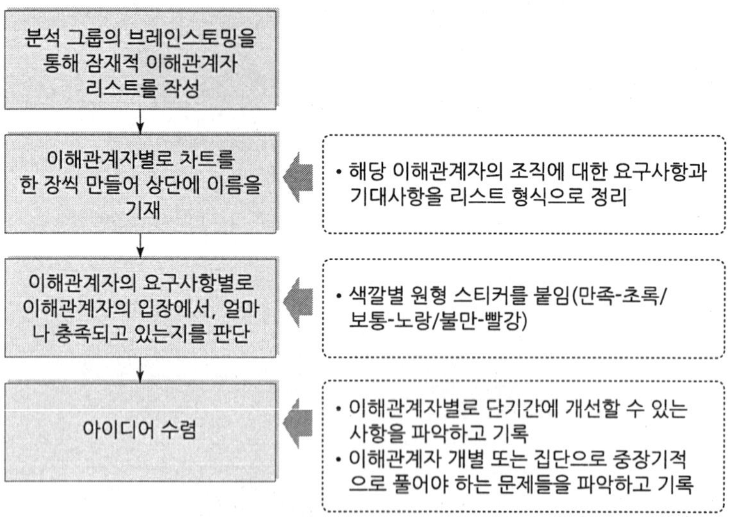

–상기의 분석절차 수행 이후 실무적으로 가능하다면 각 이해관계자가 어떠한 방법으로 조직에 영향을 미치는지, 조직이 각 이해관계자에게 필요로

하는 것은 무엇인지 등을 명확히 하고 조직에 대한 이해관계자들의 중요성을 기준으로 서열화

2.2 관찰 및 공감

이해관계자의 감정과 생각, 태도 등을 파악하기 위해 정책 수혜자의 요구와 현상황을 이해하는 단계로, 인터뷰나 관찰 등 다음의 여러 방법 중 취사선택하여 수행한다.

(1) 인터뷰(Interviews)

−작성 단계

설정된 이해관계자 풀(Pool)에서 조사대상자 탐색

↓

잊어버리기 쉬운 세부사항을 놓치지 않기 위해서 서비스 과정 가운데 인터뷰와 관찰을 동시에 실시

↓

더욱 깊이 있는 논의가 일어날 수 있도록 유도

↓

인터뷰 과정 및 결과를 음성, 사진, 영상으로 기록

↓

분석 후 보고서 작성

• 디자인 카운슬은 디자인회사 씽크퍼블릭과 함께 알츠하이머 환자, 보호자, 서비스 제공자들이 경험하고 있는 일상의 문제들을 조사

• 사람들은 필름, 일기를 이용하여 경험을 기록하였고, 서로를 인터뷰
• 치매와 관련된 사람들이 겪는 공통의 많은 문제들이 도출됨

디자인 카운슬, 알츠하이머100_사용자 인터뷰 및 영상 촬영

(2) 서비스 사파리(Service Safaris)

−서비스 사파리 개념

• 서비스 사파리는 서비스를 이해하기 위한 조사방법으로 "야생"으로 나

가 자신이 생각하는 좋은 예와 나쁜 예의 서비스를 직접 경험을 해보는 방법임

- 조사자가 직접 고객의 입장이 되어 보는 가장 쉬운 방법으로 서비스를 관찰함으로써 고객이 갖고 있는 요구사항과 접하게 되는 문제점들을 이해하는 것이 목적이며, 서비스 사파리 방법을 통해 도출된 시사점(insight)은 서비스 혁신을 위해 활용될 수 있음

–서비스 사파리 실행 단계(p. 49 서비스 사파리 참조)

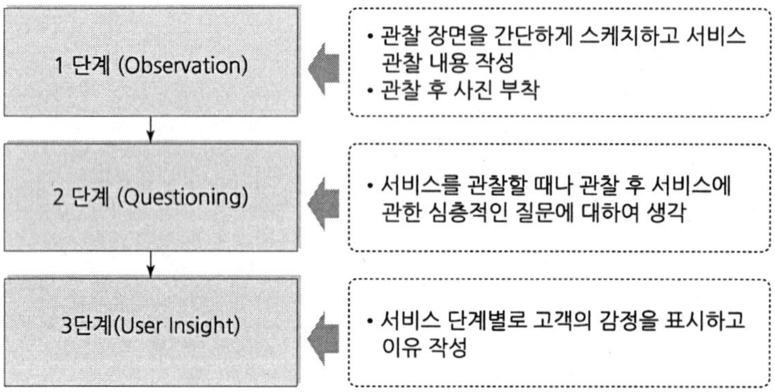

(3) 고객여정 지도(Customer Journey Map)

–고객여정 지도 개념

- 터치포인트(고객과 제공자 간의 접점)와 고객과 직접 만나지 않지만 고객이 서비스를 이용하면서 체험한 경험을 시계열적·순차적으로 배열된 것으로, 고객이 서비스를 이용하는 여정을 시각화하는 방법
- 사용자가 서비스를 어떻게 받아들이고 사용하는지, 또 그것을 어떻게 주변에 전달하는지 등 서비스의 특징을 사용자 관점에서 파악할 수 있게 함. 고객이 서비스를 경험하게 되는 과정을 정의하고, 그 과정에서 생기는 고객 체험을 시각화하기 위해 사용(p. 51 고객여정 지도 참조)

–쿠마(Kumar, 2013)의 고객여정 지도 작성 7단계

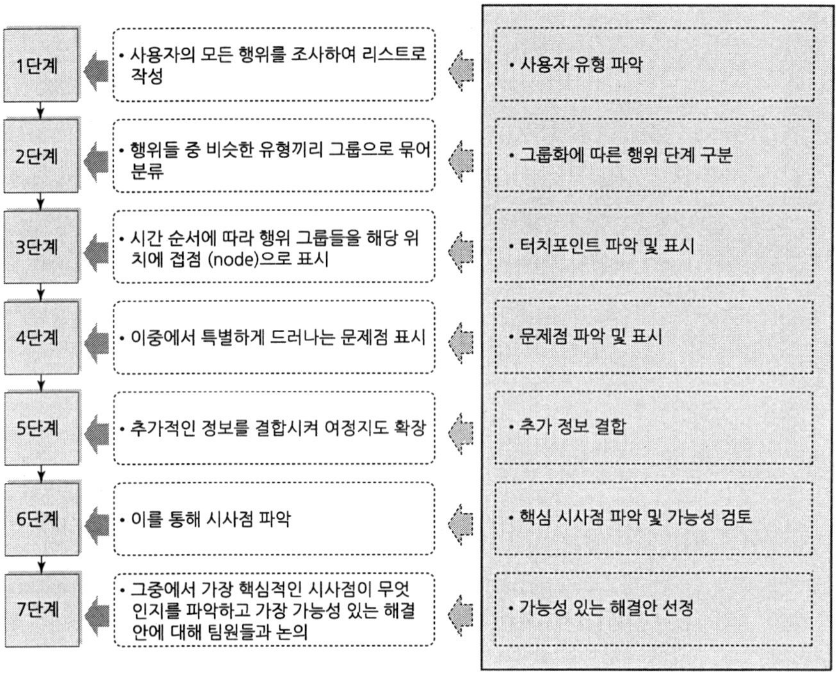

출처: 김은정 외, 2015

– 한동대학교에서는 고객 경험에 기반한 고객여정 지도를 다음의 4가지로 구분하여 작성하였다.

- 시간의 흐름에 따라 진료 순서를 적고, 주요 터치포인트를 작성하며 관련된 데이터를 묶어 배열하고, 정형외과 외래진료 고객여정맵 작성
- 세로축은 물리적 주변환경, 의사, 간호사, 환자, 환자의 내재된 감성, 다루고 있는 정보에 따라 데이터 분류 기준을 마련
- 가로축은 진료 순서별로 나누어 주요 이슈들을 정리
- 앞서 추출된 통찰력을 기본으로 각 단계별로 의료진과 환자가 만나는 주요 터치포인트를 작성하여 통찰력을 얻기 수월하도록 시각화(출처: 한국디자인진흥원 디자인전략연구실, 2013, p. 81)

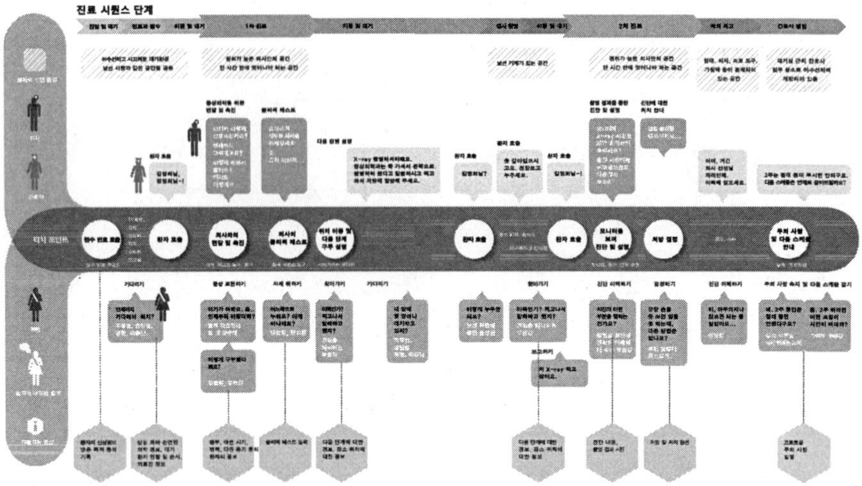

7) 2단계에서 활용되는 템플릿 및 사례 예시

■ 이해관계자 MAP

Carnegie Mellon University, Happier + Healthier 프로젝트 사례: 이 사례는 대학 내 학생건강 서비스 센터(Student Health Services Center) 직원들의 업무효율 향상과 환자의 안정을 위한 서비스 디자인을 제안하기 위한 프로젝트이다. 제안된 서비스 디자인이 실행가능하고 효과적일 뿐 아니라 오랜 시간 지속 가능하기 위한 요소로 내부 이해관계자들에게 제공할 효과적인 도구(tool)가 무엇인지 파악하고, 각 이해관계자들은 어떤 영향을 주고 받는지를 파악해 유용한 통찰력을 얻기 위해 먼저 각 이해관계자들을 나열하고 그에 따른 특성들을 연결시켜 이해관계자맵을 작성하였다.

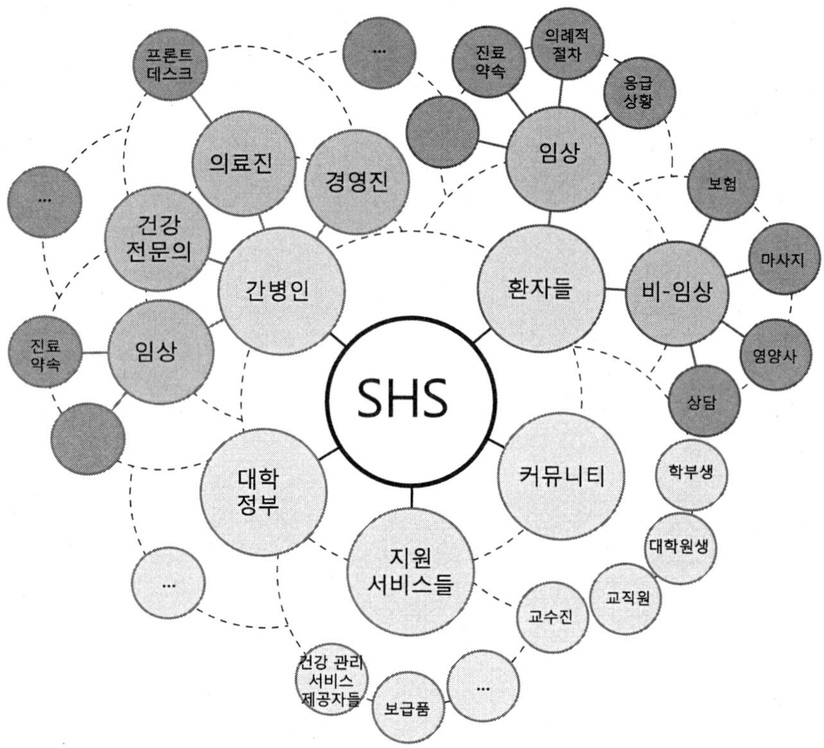

출처: http://xocoyotl.com/salsaverde/docs/%20DE2006_Gonzalez_Presentation.pdf, 검색일 2016. 5. 28.

그림 10 Carnegie Mellon University, Happier + Healthier 프로젝트 이해관계자맵

■ 기본적인 이해관계자 분석(The basic stakeholder analysis)

표 3 이해관계자 분석 매트릭스 예시

관계자 성명	연락 담당자. 전화, 이메일, 웹사이트, 주소	파급력. 이 프로젝트가 그들에게 미치는 파급력은 얼마나 되는가? (낮음, 중간, 높음)	영향. 그들은 이 프로젝트에 얼마나 영향을 미치는가? (낮음, 중간, 높음)	관계자에게 어떤 것이 중요한가?	관계자는 이 프로젝트에 어떻게 기여할 수 있는가?	관계자는 이 프로젝트를 어떻게 방해할 수 있는가?	관계자와의 협업을 위한 전략
예. 간호사 & 조산사 연합	Carols Davida Cdavida & nu.org 0998765287	높음	높음	간호사를 위한 근무 환경 유지하기	새로운 개혁을 실행하려는 노조원들에 대해 동의	파업 지속	월간 원탁 회의
환자 옹호	Viki Chan Vchan & pag.org	높음	중간	환자 간호의 질 최대로 높이기	개혁에 대한 다른 관계자들의 지지를 얻기 위해 그들과 연락	보고서들 이후 간호의 질에 대해 불평하기	6개월마다 정보 및 피드백 회의
선데이 타임즈 신문	Jaone Smith Jsmith & stn.com 888587101	낮음	높음	좋은 기삿거리 얻음	새로운 개혁을 지지하는 이야기들을 신문에 실음.	새로운 개혁에 반대하는 이야기들을 신문에 실음.	분기별 언론사 회동

■ 서비스 사파리

출처: service safari diary, 2014, p. 2, http://www.slideshare.net/human5804/service-safari-diaryfor-printing, 검색일 2016. 5. 28

그림 11 서비스 사파리 템플릿 예시

· 사례(심폐소생술 확산을 위한 서비스디자인): 산업통상자원부의 디자인기술사업 과제로 CPR교육을 확산시켜 심정지환자의 생존율을 높이자는 점에 착안해 사이픽스와 한국디자인진흥원이 공동으로 '서비스디자인 이노베이션 컨퍼런스'를 진행하였다. 공감 단계에서, 교육수료자의 입장을 체험해 보고 심폐소생술 교육현황을 파악하기 위해 인지도가 높은 대한심폐소생협회주관 심폐소생술 정규교육에 대하여 서비스 사파리를 실행하였고, 기회요소와 문제점을 파악하여 CPR(심폐소생술) 교육용 툴 킷(Tool Kit)을 개발하였다.

그림 12 심폐소생술 확산을 위한 서비스디자인에서 서비스 사파리 사례

■ 고객여정 지도

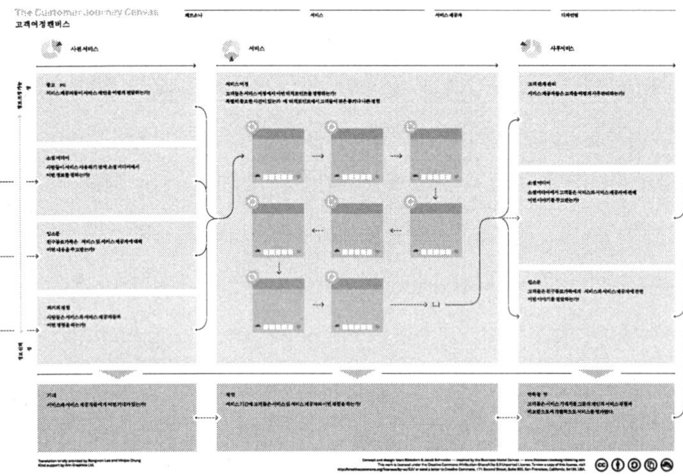

출처: http://files.thisisservicedesignthinking.com/tisdt_cujoca_korean.pdf, 검색일 2016. 5. 28

그림 13 고객 여정 지도 템플릿

- 사례: 종합병원을 찾은 고령자가 편안하게 의료서비스를 경험하도록 환자의 이동경로와 심리상태를 관찰해 기록하였다.

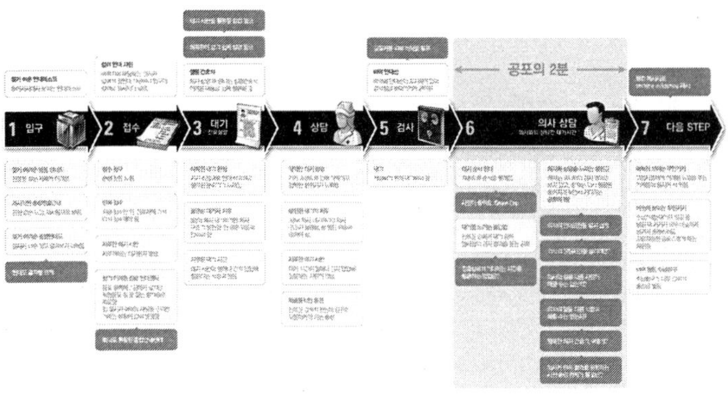

출처: 한국디자인진흥원, 2011

그림 14 고객 여정 지도 사례

참고문헌

- 한국디자인진흥원 디자인전략연구실(2013), "의료서비스디자인 실행매뉴얼".
- 류한수(2006), "GE Work-Out을 활용한 회의 잘하는 법", 경향미디어.
- 한국디자인진흥원(2010), "서비스디자인의 동향과 정책방향".
- 김은정 · 정의철(2015), "사용자 경험의 정보 시각화 분석을 위한 통합적 여정지도 프로세스 모형 개발", 한국디자인포럼, Vol.46, pp. 389-399.
- 이해관계자 맵: http://servicedesignplatform.com/archives/456(검색일: 2016. 5. 28)
- 고객 여정 지도 템플릿: http://thisisservicedesignthinking.com(검색일: 2016. 3. 5)
- 조용호(2015), "공공부문에서의 이해관계자 분석", 딜로이트
- 로아컨설팅(2014), Service Safari diary, http://www.slideshare.net/human5804/service-safari-diaryfor-printing(검색일: 2016. 3. 5)
- 로아컨설팅(2014), CX Design Game: http://www.slideshare.net/human5804/ cx-design-game?ref=http://mangastorytelling.tistory.com/entry/Jin-Young-Kim-CX-Design-Game-%ED%95%9C%EA%B8%80%EB%B2%84%EC% A0%84(검색일: 2016. 3. 5)
- 마르크 스틱도른, 야코프 슈나이더(2012), "서비스 디자인 교과서: This is Service Design Thinking", 안그라픽스.
- 한국디자인진흥원(2011), "Design Dive 2020 미래 시나리오".
- 이지혜(2016), "서비스 디자인 프로세스에 의한 co-creation 과정 평가에 관한 연구: 그린카드 서비스 사례를 중심으로", 연세대학교 생활환경대학원 석사학위논문.

3. 3단계: 문제정의

1) 개 요

3단계는 설정된 의제/과제를 실행하여 사회적 문제를 해결하기 위해 구체적으로 무엇이 문제인가를 정의하고 이를 실행하였을 때 달성할 수 있는 목표를 설정하는 단계이다. 이처럼 문제를 구체적으로 정의하는 과정에서는 각각의 의제/과제에 대한 기존의 방법론에서 어떻게 해결하였는지를 다방면으로 탐색하는 과정이 필요하다. 디자인씽킹의 감정이입(empathize)과 정의(define)의 단계에서 활용하는 방법을 적용할 수도 있다. 이는 이해관계자들을 관찰하고 그들의 생각과 감정을 경험하여 통찰력을 가지고 문제의 범위를 설정하고 구체화하는 방법이다.

2) 목 표

이 단계의 구체적인 목표는 다음과 같다.

- 기존의 주요 해결방안에 대한 각종 자료들을 탐색하여 통합하고 정리
- 설정된 의제에 대한 구체적인 문제를 도출하여 재정의하고 최종적으로 해결해야 할 문제를 정의
- 정책 실행으로 얻을 수 있는 최종목표 설정

3) 주요 고려사항

이 단계에서 성공적으로 실행하기 위해 고려해야 할 주요 사항은 다음과 같다.

- 주요 의제/과제에 대한 기존의 해결방안 및 다각적인 자료 탐색은 과거 해결방안을 유용한 자원으로 활용할 수 있기 때문에 문제정의를 하기 전에 먼저 문제와 관련된 다양한 자료를 탐색하는 것이 필요함. 예를 들면 “이

러한 문제를 예전에는 어떻게 해결했었나?", "이전 방법을 현재도 활용할 수 있을 것인가?" 등에 대한 답을 얻을 수 있을 것임. 또한 사회적 복잡성으로 인해 한 가지 해결방안이 다른 문제에 적용될 수도 있기 때문에 이러한 사회적 의제에 대한 해결방안을 광범위하게 탐색해보고 이를 최종 문제정의에 적용하는 것이 필요함

- 문제를 정의하기 위해서는 관련 이해관계자들의 입장에서 생각하고 경험하는 것이 필요함. 이를 위해 핵심 이해관계자를 관찰하거나 필요에 따라 인터뷰 계획을 수립할 필요도 있음
- 문제정의를 위한 이해관계자 인터뷰에서 주요 문제에 대해 좀 더 유연하게 접근할 수 있도록 디자인씽킹의 감정이입과 공감에 대한 사전 지식 필요함
- 인터뷰를 통해 문제정의의 방향이 달라질 수 있기 때문에 인터뷰 및 관찰 대상자들이 적극적으로 참여할 수 있도록 분위기를 조성하는 것이 필요함
- 인터뷰에 자발적 참여가 어려운 경우에는 주요 이해관계자에게 참여를 위한 인센티브를 제공하는 것도 필요함
- 최종 설정된 목표는 추상적이거나 애매하지 않아야 함. 즉, 최종 목표는 구체적이고 개량적이며 실현가능한 것으로 설정하고, 가능한 한 한두 문장으로 정리하는 것이 좋음

4) 산출물

이 단계에서 도출되는 산출물은 다음과 같다.

- 기존 해결방안 및 자료탐색에 대한 결과서
- 이슈에 대한 최종 문제 정의서
- 최종 목표서

5) 3단계 추진도

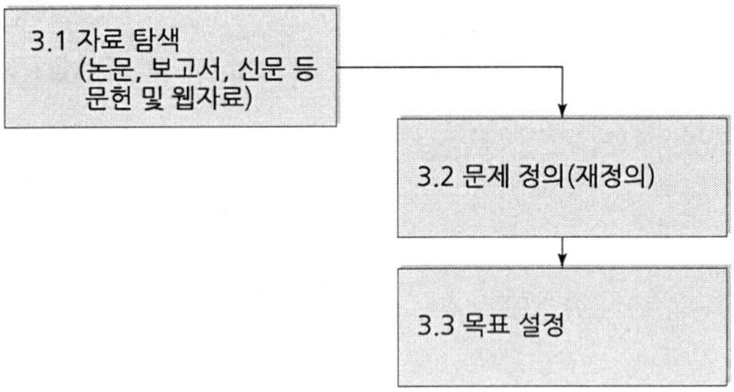

그림 15 3단계 추진도

6) 추진방법

3단계 추진도에 따른 구체적인 실행방법은 다음과 같다.

3.1 의제/과제와 관련된 자료 탐색

사회적 이슈로부터 설정된 의제/과제와 관련된 새로운 문제해결 방안을 도출하기 위해 과거에는 이와 유사한 문제를 어떻게 해결하였는지 광범위하고 다각적으로 자료를 탐색한다. 이를 위해 설정된 의제/과제와 관련된 논문, 보고서 등의 문헌자료 및 신문, 방송, SNS 등의 웹자료, 전문가·시민 등이 제시하는 해결방안 등을 탐색하여 중요도 및 연관성, 문제의 긴급성 등에 따라 우선순위를 적용하여 문제해결에 활용한다.

(1) 문헌 및 웹자료 탐색

- 구글 학술, 네이버전문 학술, RISS 등에서 문제와 관련된 키워드를 입력하여 논문, 연구보고서, 도서 등의 문헌자료 수집
- 문제와 관련된 각 기관의 홈페이지, SNS, 게시판 등에서 제시하는 웹자료 수집

- 의제/과제와 관련된 전문가 · 시민 등이 제시하는 의견 및 자료 등을 수집

(2) 다각적인 자료탐색의 결과에 대한 정리

- 문헌자료 및 웹자료, 전문가 또는 시민 등이 제시하는 핵심 문제와 그에 대응되는 주요 해결방안을 리스트로 정리함(p. 60 기존 자료탐색 기록 참조)
- 핵심문제를 교통, 경제, 교육 등의 분야별로 리스트화하여 작성할 필요가 있음
- 사회문제는 복잡하고 다양하기 때문에 교통, 경제, 교육 등의 분야별로 리스트화가 불가능할 경우 2가지 이상의 유형으로 분류하거나 더욱 광범위하게 리스트화하는 것도 필요함

3.2 문제정의

문제를 해결하기 위한 가장 기본이 되는 부분으로, '구체적인 문제가 무엇인지?' '이 문제와 관련된 제반 여건 및 환경은 어떠한지?' '문제해결을 위한 요구사항은 무엇인지?' 등에 대해서 이해하는 것이 필요하다. 이를 토대로 문제가 새롭게 재정의될 수 있고, 구체적으로 해결해야 할 문제가 달라질 수 있다. 문제정의는 디자인씽킹에서 감정이입(empathize)과 정의(define)에 해당하는 것으로 이해관계자 인터뷰 및 관찰을 통해서 얻어진 결과를 적용하여 최종적인 문제정의를 할 수 있다.

(1) 문제와 관련된 제반 환경 및 요구사항 분석

- 문제와 관련된 다양한 이해관계자들의 인터뷰 및 관찰을 통한 감정이입으로 문제를 다시 생각하고 기존 해결방안을 탐색하여 문제를 정의하거나 이해관계자 인터뷰(p. 60 이해관계자 인터뷰 참조)를 토대로 최종 문제를 정의할 수 있음
- 최종 문제정의를 위해 인터뷰는 필요에 따라 선택할 수 있음

(2) 최종 문제정의

- 다양한 사람들이 감정이입을 통해 얻은 결과를 토대로 통찰력을 가지고

문제의 범위를 설정하고 문제해결을 위한 정확한 문제 정의 및 재정의 (p. 58 문제정의 사례 참조)
- 정의된 주요 문제에 대한 해결방향을 계획하고 이를 문서화함
- 문제정의에서 가장 중요한 것은 오직 문제가 무엇인지 생각하는 것임
- 예를 들면 독거노인 문제를 찾기 위해 독거노인이 거주하는 집에 찾아가 집이 좁아서 수납공간이 부족한 문제를 찾아내거나 시각장애인이 아이를 양육할 때 아이 위치를 스스로 인지할 수 없는 문제를 확인하여 그에 따른 최종 문제를 정의함

3.3 목표 설정

사회가 점점 다원화되고 있는 상황에서는 다양한 이해관계자들이 함께 문제를 해결하기 위해 몰입할 수 있도록 공동의 목표를 세우는 일이 중요하다. 최종 목표 설정은 지나치게 많지 않도록 수준을 조정하고 각각의 이해관계자가 제시하는 목표를 통합해야 한다. 앞서 구체적으로 정의된 문제를 해결하기 위한 인터뷰 및 관찰을 토대로 문제해결 방향을 설정하고, 관련 이해관계자들이 함께 해결해야 할 공동의 목표를 구체적으로 설정하여 이를 공유한다.

(1) 공동목표 설정

- 다양한 사회문제에 있어서 관련 이해관계자들은 각각의 목표가 다를 수 있음
- 이해관계자들이 함께 문제를 해결함으로써 얻을 수 있는 각자의 목표를 자유롭게 논의하고, 각각의 이해관계자들이 생각하고 있는 목표를 제시하게 함
- 목표 설정을 위해 이해관계자들이 문제를 해결함으로써 얻을 수 있는 비전, 예상되는 소요자원 및 일정, 기대효과 등에 대해 서로 의견을 나누도록 함
- 이를 통하여 공동의 최종 목표를 설정(p. 59 목표설정 사례 참조)

(2) 설정된 목표 공유

–이해관계자들이 함께 해결하고자 하는 공동의 목표를 전체 이해관계자들에게 공지(온라인 플랫폼 및 SNS, 홈페이지 등)

7) 3단계에서 활용되는 템플릿 및 사례 예시

■ 문제정의 사례

2012년 공공디자인단에서 범죄예방 프로젝트를 실시하였다. 이른바 서울시 마포구 염리동 인근 일명 '소금길'로 불리는 이곳은 골목이 좁고 어두워 밤이 되면 주민들이 집 밖으로 나오기 꺼리는 '우범지역'이었다. 어두운 조명과 낮은 담벼락, 쓰레기 등으로 슬럼화되고 있는 이곳에 범죄를 낮추고 예방하기 위한 프로젝트가 시행된 것이다. 소금길의 문제를 정의하기 위해 주민을 만나고 주민의 참여로 담벼락에 그림을 그리는 작은 변화를 시도하였다. 즉, 범죄예방을 위한 프로젝트에서 소금길의 문제정의를 부정적인 환경에 둔 것이다. 이를 개선하기 위한 시도로 주변 환경을 깨끗하게 정비하고 형형색색의 벽화를 그리면서 주민이 직접 마을을 지키는 '지킴이 집'을 골목길 주변에 설치하였고, 24시간 작동되는 폐쇄회로 TV와 위험 시 요청할 수 있는 도움 비상벨을 설치하여 마을의 환경을 밝게 변화시켰다. 실제 프로젝트 시행 후 염리동 주민 200여명을 대상으로 설문조사를 실시한 결과, 소금길 사업 시행 후 주민들의 범죄에 대한 두려움이 감소하였으며 범죄예방에도 효과가 있는 것으로 나타났다.

〈출처: The Fact 기사: "염리동 '소금길', 그림만으로 범죄율 뚝" 이성락 기자, http://m.tf.co.kr/read/life/1571180.htm?retRef=Y&source=https://m.search.naver.com/search.naver%3Fwhere=m_news%26sm=mtb_nmr%26query=%EC%86%8C%EA%B8%88%EA%B8%B8%26sort=0%26nso=so:r,p:all#_adtep〉

■ 목표설정 사례

공공서비스디자인 방법론에서 제시하는 목표설정 방법은 다음과 같다. 공공서비스 수요자들이 직면하고 있는 문제들을 확인하고 문제 상황들을 정의하여 해결해야 할 도전과제를 찾아내서 그것을 목표로 하기 위해 다음과 같이 조사목표 설정을 위한 운영툴킷을 사용하였다.

정부 3.0 국민디자인단 공공서비스디자인 운영툴킷은 아래 그림과 같이 팀원들이 모여 수요자들이 겪는 문제가 무엇인지 생각하여 이슈들을 직접 적어보게 한다. 한 가지씩 작성된 이슈들 중에서 가장 중요하다고 생각하는 이슈에 투표를 하게 한다. 투표가 끝나면 선정된 문제점과 해당이슈들에 대해서 다시 토론한 후 최종적인 목표를 설정한다. 예를 들면 "소득이 적은 사람에게 알맞은 저축 상품을 만들어 보자" 등의 예시를 주고 문제에 맞는 목표를 설정한다.

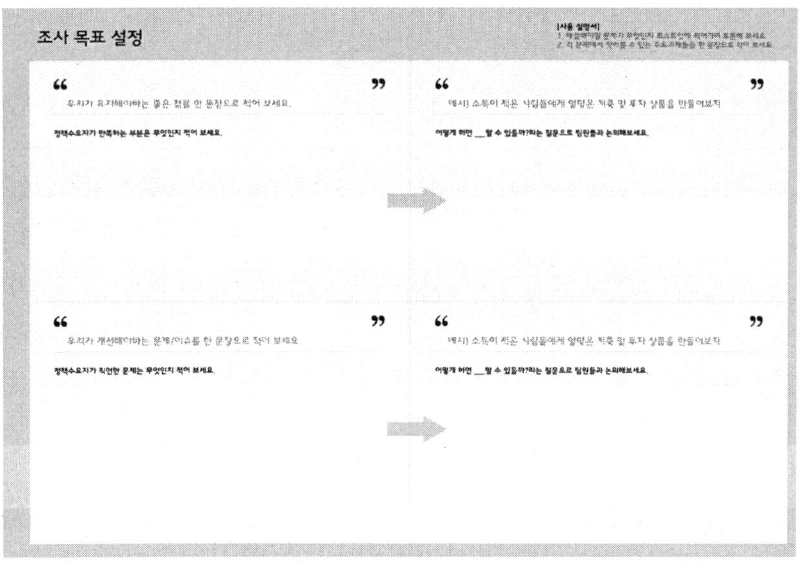

출처: 국민디자인단 운영매뉴얼, 2016, 행정자치부

그림 16 조사목표 설정 방법 사례

■ 기존자료 탐색 기록

사회문제는 복잡하고 다양하여 해결방안이 다른 문제에도 적용될 수 있기 때문에 기존의 사회문제 해결방안을 탐색할 때는 정책보고서, 관련 논문, 신문기사, SNS 등 광범위한 자료를 탐색하는 것이 필요하다. 사회문제의 특성이나 형태에 따라 기존 해결방안이 탐색되면 각 문제에 대한 해결방법을 기록하여 둔다.

〈기존자료 탐색 기록지 예〉

번호	이슈 및 문제 관련 자료	해결방법	특징 및 고려사항
1	도시의 교통체증 문제 관련 논문	대중교통 확충	정부의 예산지원 필요
2	교통정책 100인 토론회 자료	불합리한 교통체계 개선	운수업체 종사자, 모범운전자 등 교통 관련 관계자들의 의견 및 아이디어를 반영

■ 이해관계자 인터뷰

이해관계자의 인터뷰는 문제를 정의하는 과정에 중요한 영향을 미칠 수 있다. 즉 관련 이해관계자로부터 다양한 의견을 수렴하고 문제를 해결하는데 이해관계자의 입장에서 결론을 제안하고 토의하는 과정을 수행하여 구체적으로 해결해야 할 문제를 정의할 수 있다. 또한 독단적인 목표설정보다 이해관계자들이 함께 제시하는 목표설정은 문제를 해결하기 위해 함께 협력해야 하는 정책방향 설정에 도움을 줄 수 있다.

사회문제의 특성에 따라 인터뷰보다 이해관계자들이 어떤 생각을 하고 행동하는지 관찰이 필요할 때도 있다. 따라서 사회문제에 따라 인터뷰 및 관찰을 담당자가 선택하여 활용할 수 있다.

인터뷰는 다음과 같은 절차로 진행할 수 있다.

(1) 이해관계자 인터뷰 및 관찰을 위한 계획 및 준비

– 인터뷰에 대한 목적 및 참여자 선정을 위한 계획이 필요함
– 사회이슈에 따른 이해관계자의 범위가 넓을 경우 대표적인 이해관계자 범위를 선정하여 인터뷰 참여 가능한 리스트를 작성
– 인터뷰 일정 및 질문항목 준비
– 인터뷰 및 관찰 참여자 모집 준비
  - 홈페이지, 게시판, SNS 등을 활용하여 내용 및 일시, 참석 등에 대한 공지
  - 참여 접수
  - 참여자에게 사전에 보낼 간략한 안내문 준비
  - 참여자에게 공지사항 및 안내문 송부(이메일, 문자, 우편 등)
– 인터뷰 및 관찰에 대한 동의서를 준비하여 실제 실행에서 사용
– 인터뷰 및 관찰 내용 및 의견, 제시사항 등을 기록할 수 있도록 기록 작성지를 준비

(2) 이해관계자 인터뷰 및 관찰 실행

– 이해관계자들이 자유롭게 이야기하도록 분위기 조성
– 인터뷰는 자유로운 분위기로 할 수 있지만 전형적인 절차는 다음과 같이 수행할 수 있음
  - 인터뷰 개시를 알리는 인사
  - 인터뷰 목적 및 방법 소개(인터뷰 시 녹음이 됨을 알리고 동의를 구한다)
  - 참여자 소개
  - 인터뷰: 시간은 대략 1시간 정도로 구성하고 참여자들이 자유롭게 이야기할 수 있도록 해야 한다. 인터뷰 내용을 녹음한다.
  - 새로운 의견이나 안건이 나오지 않는다고 판단되면 커피 타임과 같은 계획된 휴식시간을 가진다.
  - 종료인사 및 감사를 전한다.
  - 인터뷰 및 관찰에 대한 기록보고서 작성(문서화)

(3) 이해관계자 인터뷰 및 관찰 결과
- 인터뷰 및 관찰에서 얻어진 자료를 텍스트화(기록보고서, 녹음, 메모자료)
- 텍스트 자료를 근거이론 분석, 빅데이터 분석 등으로 핵심요인 도출

인터뷰 시 고려사항

인터뷰를 계획할 때는 참여자들이 자유롭게 그들의 의견을 제시할 수 있도록 세심하게 접근해야 한다. 계획단계에서 다음과 같은 점들이 고려되어야 한다.

(1) 인터뷰 참여자들의 적극적인 의견제시 및 참여가 새로운 문제정의 및 목표설정에 영향을 미친다.
(2) 참여자의 구성이 주의 깊게 계획되어야 하며, 때로는 인터뷰를 진행하는 사람에 의해 참여를 막는 요인이 될 수도 있으므로 유의해야 한다.
(3) 인터뷰 시간은 대략 1시간으로 하되 최장 2시간을 넘지 않도록 하며, 의제의 중요성에 따라 유연하게 활용할 수 있다.
(4) 인터뷰의 목적, 일시, 장소, 참가자 현황 등을 포함하는 간략한 자료를 모든 참가자에게 미리 알려주는 것이 필요하다. 필요시 간략한 출력물로 준비하는 것도 좋다.

인터뷰 진행 방법론

(1) 예비조사
연구 주제에 적절한 참여자를 찾아서 예비접촉을 위한 예상 질문들을 구성하여 예비 질문지를 만들고 참여자에게 사전에 연락을 하고 인터뷰에 대한 설명과 인사를 한다. 성공적인 인터뷰를 위해서는 연구목적, 의의, 결과물, 결과물 이용, 연구지원기관 등에 대해 설명을 한다. 또한 정식 인터뷰 날짜, 시간 등을 정하고 예비질문지 등을 배포한다.

(2) 질문 만들기
인터뷰의 성공 여부를 판단하는 것은 질문을 준비했는지 여부와 직결된

다. 인터뷰 전에 미리 준비하여 연구주제에 적합한 주요 질문을 만들고 하위 질문을 만들어 인터뷰 전에 미리 암기하여 참여자와 눈맞춤을 방해하지 않도록 하며, 추상적인 질문은 이야기하기 힘들기 때문에 사진이나 소장품 등을 이용해서 질문하는 것도 좋다.

(3) 질문하기

질문은 '예/아니오'로 답하는 질문과 구체적인 질문은 피한다. 또한 어떻게 이야기되는지 어떤 형식으로 이야기되는가, 억양, 발음, 몸짓, 표정과 같은 비언어적인 측면도 주의한다. 참여자의 진술이 틀려도 반박하지 않는다. 대부분의 인터뷰는 1회에 끝나는 경우가 많지만 인터뷰 자료의 유용성과 신빙성을 높이기 위해 추후 질문을 하는 것이 필요하다.

(4) 녹음하기

인터뷰에서 녹음은 필수적이며, 녹음이 잘못되지 않도록 만반의 준비를 해야 한다. 녹음은 참여자의 동의가 있어야 하고 말소리 외에 참여자의 몸짓, 표정, 태도 등의 비언어적인 요소들은 메모가 필요하다.

〈출처: 질적연구방법론, John W. Creswell, 학지사, 2015〉

4. 4단계: 아이디어 도출

1) 개 요

4단계는 다양한 이해관계자들이 아이디어를 쏟아냄으로써 새로운 시도를 포함한 가능한 모든 아이디어를 도출하는 단계이다.

2) 목 표

이 단계의 구체적인 목표는 다음과 같다.

-문제에 따른 아이디어 발산 및 수렴방법 선택

-이해관계자의 확보 및 아이디어 수집

-아이디어의 평가 및 최종 아이디어 선정

-아이디어 제안자에 대한 인센티브 제공

3) 주요 고려사항

이 단계에서 성공적으로 실행하기 위해 고려해야 할 주요 사항은 다음과 같다.

-발산할 때는 발산만, 수렴할 때는 수렴만 한다는 원칙을 지킬 것

-피스톨 사고를 행하지 말고, 기관총 사고를 할 것

FOCUS **피스톨 사고와 기관총 사고**

(1) 피스톨 사고
- 단발적으로 낸 아이디어로부터 답을 만들고 성급히 평가하는 사고 과정
- 한 발 쏴보고 명중되었는지 안 되었는지를 확인하는 행위와 닮았다는 점에서 피스톨에 비유
- 평가가 나쁘면 이 과정을 처음부터 다시 거쳐야 한다는 치명적 약점을 가지며 설계안이 단순해짐

(2) 기관총 사고(올바른 방법)
- 발산모드로 생각해 낼 수 있는 만큼의 아이디어를 내고 그 후 수렴 모드로 해답을 만듦
- 여러 가지 아이디어의 합성도 한 가지 안뿐 아니라 복수의 '대체안'을 준비한 후에 평가에 임함
- 충분한 숙고와 검토를 거친 후 검증함

* 한동대학교, 고객경험에 기반한 고객여정지도 작성 사례

4) 산출물

이 단계에서 도출되는 산출물은 다음과 같다.

–아이디어 최종 후보리스트

5) 4단계 추진도

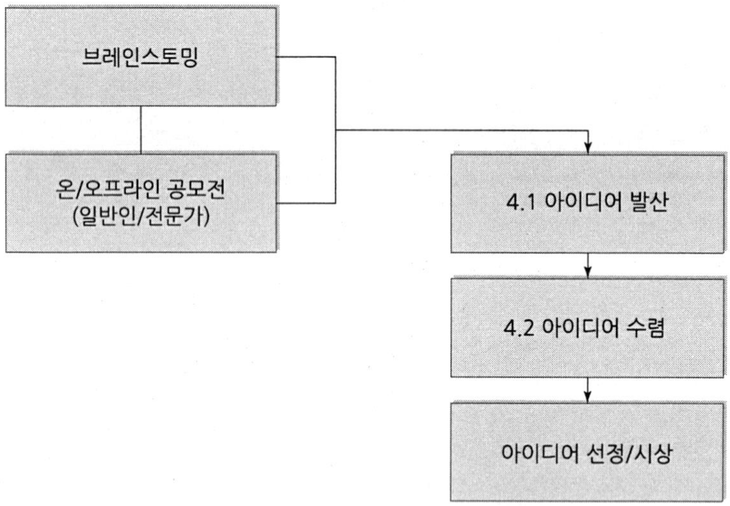

그림 17 4단계 추진도

6) 추진방법

4단계 추진도에 따른 구체적인 실행방법은 다음과 같다.

4.1 아이디어 발산

문제 해결에 대해 될 수 있는 한 많은 아이디어를 만들어 내는 과정으로, 자유로운 발상을 중요시하며 사고에 제한을 두지 않고 지속적으로 아이디어를 확산하는 단계이다. 각 문제의 성격에 따라 브레인스토밍, 온/오프라인 공모 등 다양한 방법을 사용할 수 있다.

(1) 브레인스토밍

–브레인스토밍 개요

• 브레인스토밍은 집단적 창의적 발상 기법으로 집단에 소속된 인원들이

자발적으로 자연스럽게 제시된 아이디어 목록을 통해서 특정한 문제에 대한 해답을 찾고자 노력하는 것을 말함

－브레인스토밍 단계(p. 72 브레인스토밍 참조)

리더는 조용한 장소, 커다란 책상, 종이 준비
- 전원을 목적한 대로 끌고 가는 사람이 리더가 됨

↓

멤버 구성에서 테마에 대한 전문가는 절반 이하로 하고, 권위주의적 상사는 제외

↓

전원이 자유롭게 발언하며, 모든 것을 기록
- 시간은 1시간 정도 하며, 그이상은 휴식
- 전자 브레인스토밍을 통해 온라인에서 시간과 장소의 제약 없이 가능

↓

내용 평가는 하루 정도 후, 평가기준은 독자성과 실현가능성, 또 아이디어끼리의 결합에 중점을 둠

↓

의견 수렴을 위한 커뮤니티 개설 가능
- 국민신문고 '시민클럽', 블로그, SNS 등을 활용하여 토론 커뮤니티 개설
- 다양한 이해관계자가 같이 참여할 수 있도록 개설
- 내부 의견 수렴시 내부의 시스템 등을 활용하여 토론 커뮤니티 개설

그림 18 동아대학교 수업 중 소통 문제 브레인스토밍 사례

(2) 온라인 공모

－개요

- SNS, 인터넷 등의 온라인을 통한 문제 해결 아이디어 공모
- 이메일 등으로 전문가에게 문제 해결 아이디어 제안 요청
- 요청된 아이디어에 대한 댓글 및 추가 의견 개시 등의 경험 공유 가능
- 모집 방법: 온라인/오프라인 공모(p. 76 일반 시민 대상 아이디어 공모, p. 77 전문가 대상 아이디어 공모, p. 79 전문가 온라인 제안 참조)
- 참여자: 문제에 관한 모든 이해관계자 및 일반 시민

－참여절차

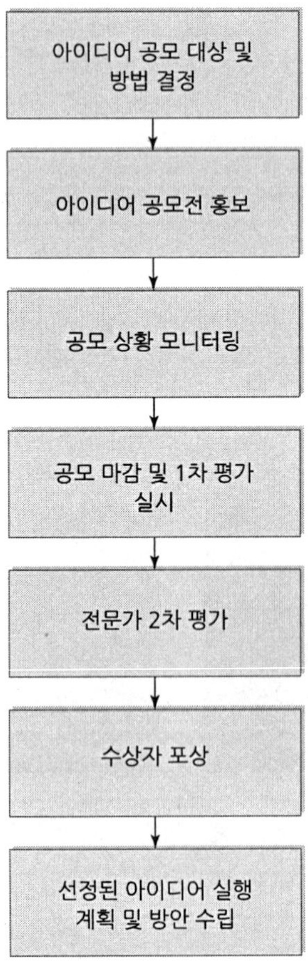

(3) 오프라인 공모

–이해관계자들과의 원탁회의, 공청회, 설명회 등에서 아이디어 제안 요청

4.2 아이디어 수렴

발산된 아이디어를 대상으로 네티즌 평가 및 전문가 평가를 실시하여 아이디어를 도출하고, 선정된 아이디어 제안자들에게 인센티브를 제공한다.

(1) 아이디어 평가(p. 79 전문가 평가, p. 80 아이디어 평가회의 사례 참조)

–아이디어 평가 단계

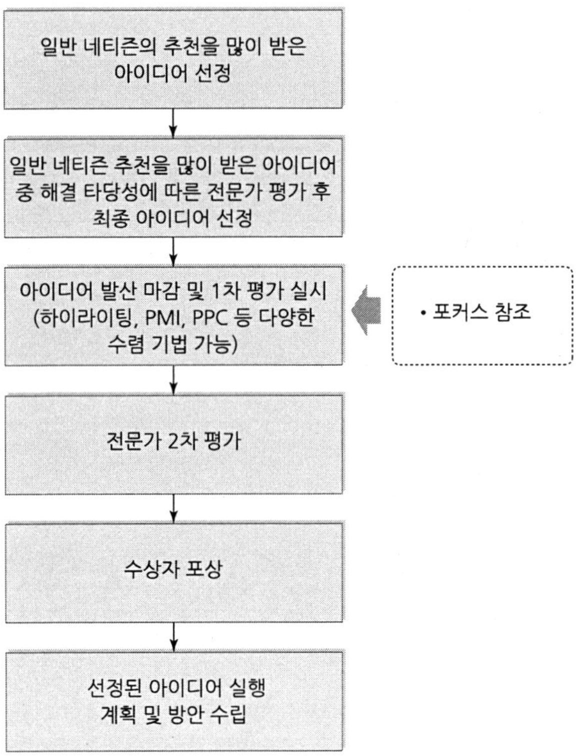

FOCUS 하이라이팅(Highlighting)

생성된 아이디어들 중 괜찮다고 느껴지는 아이디어들을 골라 낸 다음, 공통적인 측면이나 요소에 따라 묶음(결집)을 만드는데, 이를 적중영역(hot spot)이라 함. 하이라이팅은 이러한 적중영역을 문제해결에 적합한 형태로 재진술하는 기법

〈하이라이팅 절차〉

(1) 생성된 아이디어에 번호를 붙임

(2) 아이디어를 차례로 음미하여 그럴 듯해 보이는 대안들을 선택

  – 아이디어의 실현 가능성은 고려하지 않아도 됨

(3) 적중영역을 만들고 골라낸 아이디어를 적중영역별로 분류

(4) 적중영역을 검토하고 그 의미를 재진술

(5) 문제의 요구를 가장 잘 충족시키는 것으로 판단되는 적중영역을 선택

  – 두 개 이상의 적중영역을 조합하여 하나의 해결책을 만들어도 좋음

〈하이라이팅 예시〉

1. 아이디어 히트하기

생성된 아이디어 중 그럴 듯해 보이는 대안에 체크한다. 아이디어의 실현 가능성은 고려하지 않아도 된다.

2. 적중영역 만들기 및 분류하기

적중영역을 만들고 골라낸 아이디어를 적중영역별로 구분한다. 그런 다음 다시 적중영역을 검토하고 그 의미를 검토해 본다.

영역				
아이디어				

3. 재(再)진술에 의해 선택된 해결책

문제의 요구를 가장 잘 충족시키는 것으로 판단되는 적중영역을 선택한다. 두 개 이상의 적중영역을 조합하여 하나의 해결책을 만들어도 좋다.

출처: 대구교육청, 2014

FOCUS PMI(Plus, Minus, Interesting)기법

제안된 아이디어를 장점(P), 단점(M), 흥미로운 점(I)을 따져 본 후 그 아이디어를 평가하는 기법으로 하나의 아이디에 대해 집중적으로 분석할 때 간단하면서도 효과적으로 활용할 수 있는 기법

〈PMI 절차〉

(1) PMI의 의미를 집단 구성원들에게 설명

(2) 각 영역별로 아이디어 생성

 －P를 고려할 때에는 P에만 집중. M, I는 마음에 두지 않음

(3) PMI 결과 발표

(4) PMI 결과 논의

〈PMI 예시〉

주제	버스 안에 있는 좌석은 모두 치워 버려야 한다.
P(Plus)	• 버스에 더 많은 사람이 탈 수 있다. • 버스를 타거나 내리기가 더 쉽다. • 버스를 제작하거나 수리하는 비용이 보다 싸게 될 것이다.
M(Minus)	• 버스가 갑자기 서면 승객들이 넘어질 것이다. • 노인이나 지체 부자유자들은 버스를 이용할 수 없을 것이다. • 쇼핑백이나 아기를 데리고 다니기가 어려울 것이다.
I(Interesting)	• 한 가지는 좌석이 있고, 다른 한 가지는 좌석이 없는, 두 가지 유형의 버스 • 같은 버스라도 유형을 달리하면 일을 더 많이 할 수 있다. • 버스에서는 편안함이 그렇게 중요하지 않을 수도 있다.

출처: 대구교육청, 2014

FOCUS **PPC(Positive – Possibilities – Concerns)기법**

미심쩍은 생각이 드는 아이디어에 대해 긍정적인 면, 가능성이 있는 면, 염려스러운 면으로 구분하여 이야기해 보는 대화기법. 이 기법을 사용하면 너무 성급하거나 극단적으로 판단하는 것을 막을 수 있으며, 아이디어가 가지고 있는 모순점을 보완하여 문제해결을 위해 보다 완벽한 계획을 세울 수 있음

〈PPC 예시〉

당신은 어느 반의 담임선생님이다. 불우한 이웃을 돕기 위해 토론을 하고 있는 중 한 학생이 "학급의 모든 학생들이 일주일간 굶어서 절약한 돈을 모아 전달합시다."라는 제안을 한다고 해 보자. 당신은 이 제안에 선뜻 동의하기 어려운 이유가 있다고 생각한다.
P-P-C 대화 기법을 사용한다면 어떻게 진행할까?
☞ 긍정적인 면(P): 불우이웃돕기에 매우 적극적이어서 좋다.
☞ 가능성이 있는 면(P): 우리가 아주 적극적이면 다른 사람도 영향을 받겠지.
☞ 염려스러운 면(C): 그런데 일주일을 굶을 수 있을까? 모든 반원들이 그렇게 해 줄까?

출처: 대구교육청, 2014

(2) 인센티브 제공

–선정된 최종 아이디어 제안자에 인센티브 제공(p. 81 인센티브 등 참여 활성화 사례 참조)

7) 4단계에서 활용되는 템플릿 및 사례 예시

■ 브레인스토밍 종류

브레인라이팅

문제나 해결방법에 대해 짧은 시간에 최대한 많은 의견을 수집, 공유하고자 할 때 실시한다.

(1) 참가인원: 6명 이내

(2) 소요시간: 30-60분

(3) 절차

- 회의 주제를 모두가 볼 수 있게 게시
- 인원에 맞게 준비된 종이와 필기도구를 배포
- 조용한 환경에서 주제와 관련된 아이디어를 종이에 기록
- 모두 기록이 끝나면 자신의 종이를 옆 사람에게 전달
- 옆 사람의 아이디어를 실마리 삼아 자신의 아이디어를 추가로 기술
- 각 종이에 다양한 아이디어가 채워질 때까지 반복
- 끝난 뒤 수집된 아이디어를 객관적으로 평가, 배제, 결합, 발전

(4) 예시

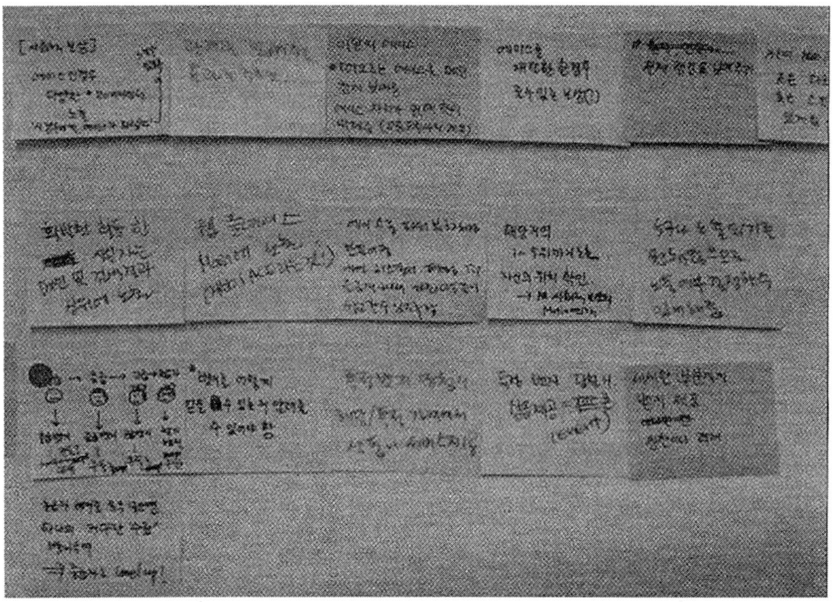

출처: 최환석, 2013

그림 19 브레인라이팅 예시

전자 브레인스토밍

동일한 장소에서 화면을 보면서 각자의 컴퓨터로 자신의 아이디어를 입력하거나 같은 장소에 모이지 않더라도 네트워킹된 컴퓨터로 타인의 아이디어를 보면서 입력하도록 한다. 동 시간에 한 장소에 모일 필요가 없고 익명성이 보장되며 저장과 인출이 자유로워 타인의 생각을 언제든지 확인할 수 있기 때문에 중복되는 아이디어를 생성하는 데 소비되는 시간을 줄여준다(하상현, 2002).

leader: 안녕하십니까? 지금부터 냉장고를 발전시켜보는 브레인스토밍을 해 보도록 합시다. 그럼 자신이 개인 브레인스토밍한 내용이나 지금 브레인스토밍을 하면서 떠오르는 아이디어를 아무런 거리낌없이 내어 주시기 바랍니다.

foerg051: 냉장고에서 시원한 물이 나오면 좋겠습니다. 왜냐하면 더운 여름에 냉장고에 있는 시원한 물을 바로 먹을 수 있기 때문입니다.

im5540: 냉장고에 정수기가 달려 있었으면 좋겠습니다.

akdir: 아주 빨리 물을 얼릴 수 있는 초고속 냉장고는 정말 필요할 것 같아요. 왜냐하면 급하게 얼음이 필요할 때가 많잖아요?

im5540: 냉장고의 문을 아래 위로 열리도록 하면 좋겠습니다. 위의 문은 아래로 아래 문은 위로 열리면 편리할 것 같습니다.

foerg051: 냉장고에 전화기가 달려 있으면 좋겠습니다. 부엌에서 일하다가 전화가 오면 냉장고에 있는 전화기로 전화를 받을 수 있잖아요.

rkfka5700: 냉장고 안에 있는 것 중에서 먹고 싶은 걸 말하면 자동으로 그 음식이 나오도록 만들면 참 편리할 것 같군요.

foerg051: 저는 우리가 '문열어'라고 말하면 열리는 음성인식이 되는 냉장고가 있으면 좋겠습니다. 말을 알아 듣는 휴대폰도 있잖아요.

주의사항

(1) 비판하지 않음

–브레인스토밍은 '양이 질을 낳는다'라는 원칙을 살리기 위한 것

(2) 자유분방하게 의견 제시

–이 규칙은 표출된 아이디어는 물론 참가자들의 사고의 방법에 대한 형

식까지도 타파하기 위한 것임
- 즉 머리에 떠오르는 생각이나 아이디어는 무조건 입 밖으로 소리를 내어 의견을 개진하여야 한다는 것을 의미

(3) 질보다 양을 추구함
- 아이디어 발산의 방법에는 두 가지 종류 있음: 양을 추구하는 아이디어와 질을 추구하는 아이디어임
- 브레인스토밍은 말할 것도 없이 양을 추구하는 단계에서 사용하는 기법임
- 판단은 뒤로 미루고, 무엇보다 양을 추구함

(4) 편승환영(Hitchhiking)
- 타인이 내놓은 아이디어에서 힌트를 얻거나 이를 모방하여 아이디어를 내는 것을 장려한다는 의미
- 브레인스토밍은 몇 사람이 모여 중지를 모으는 기법
- 이 규칙이 지켜지지 않으면, 브레인스토밍의 장점은 사라져 버림
- 이 규칙을 통해서 집단의 힘을 발휘할 수 있는 것이며, 아이디어의 연쇄반응을 기대할 수 있음.

〈출처: http://egloos.zum.com/littletrue/v/4693290, 검색일자 2016. 3. 5〉

■ 일반 시민 대상 아이디어 공모

문제에 관한 모든 이해관계자 및 일반 시민을 대상으로 한 아이디어 공모전을 실시할 수 있다.

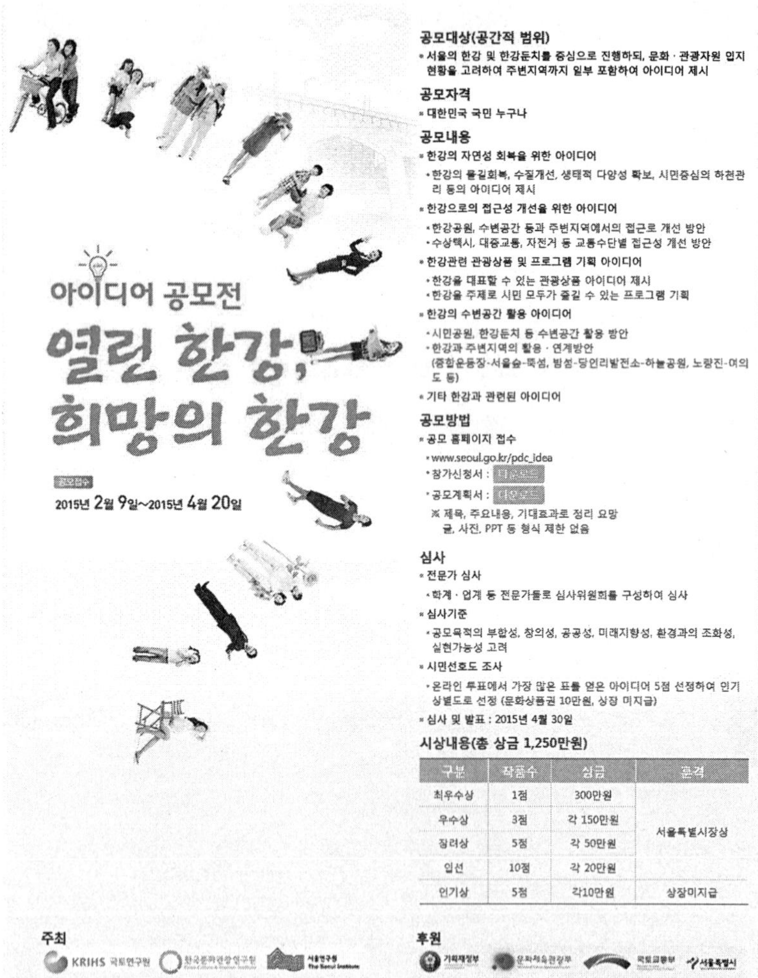

출처: http://www.seoul.go.kr/pdc_idea/application/idea.html?M_IDX=15, 검색일 2016. 3. 28)

그림 20 서울시 온라인 공모전 사례

표 4 좋은 서울 만들기 대학(원)생 공공서비스디자인캠프 사례

팀명	캠프주제	발표제목	서비스 제안	비고
Co-톡	마을 공동체 활성화	바로 바로 통하는 터치, 바통터치!	자신이 사용하지는 않지만 유용한 물건들의 교환과 마을 사람들의 재능을 서로 나누고 구매할 수 있는 오프라인 장터의 개념 제안. 경매 재미 요소 개발, 커뮤니티 파티 등에 대한 세심한 설계로 마을 공동체를 활성화하는 방안 제시	금상
서울을 구하라	에너지 절약 도시 만들기	에너지 이웃사촌 서비스	에너지를 절약한 만큼 에너지 포인트가 쌓여 에너지 빈곤층 가정에 에너지 리모델링 사업을 할 수 있도록 기금 매칭을 하는 개념의 서비스 제시	은상
1박 2일	청년 주거문제 해결	청년 주거 꿈틀가(家)?	주거 지원 혜택의 사각지대에 놓여 있는 취업준비생들에게 포커스를 맞춰 설계. 청년들의 꿈을 담보로 기업이 주거 자금을 대출해 주고 청년들은 다달이 원금에 대한 이자를 감당하는 시스템 제안	동상
마을 청년회	마을 공동체 활성화 방안	돌며 돕는 마을 도도리	옥상텃밭 활성화 방안 제시. 텃밭을 기수별로 함께 경작하여서 텃밭을 가꾸는 사람들 간의 관계를 돈독히 할 수 있는 '순환형 텃밭시스템' 제안	장려상
레인보우	청년 구직문제 해결	Tell, Your Story	구직에 관련한 혹은 자신들의 꿈과 계획에 관련한 이야기를 업로드하고 공유하는 온라인 플랫폼 제안	
청사초롱	청년 복지증진 방안	서울시 청년 핫라인	청년들에게 도움이 되는 정보들을 제공하는 전화 서비스이다. 온라인 플랫폼과도 연동하여 자신의 고민 이력을 익명으로 등록하면 사례가 관리되어 전문가의 도움을 받도록 연결한다.	

■ 전문가 대상 아이디어 공모

문제에 관한 전문가를 대상으로 한 아이디어 공모전을 실시할 수 있다.

(1) 모집 방법: 온라인/오프라인 공모

(2) 참여자: 문제에 관한 전문가

(3) 공모절차

- 아이디어 공모 대상 및 방법 결정
- 아이디어 공모전 홍보
- 공모 상황 모니터링
- 공모 마감 및 1차 평가 실시
- 전문가 2차 평가
- 수상자 포상
- 선정된 아이디어 실행 계획 및 방안 수립

1. 설계공모 규정

1.1 공모명칭

노들꿈섬 공간·시설조성(3차) 설계공모

1.2 공모의 목적

노들꿈섬 공간·시설조성(3차) 설계공모는 운영계획·시설구상(2차)공모에서 당선된 운영계획·시설구상을 실현하는 합리적이고 구체적인 공간이용계획이면서 우리가 도시에서 요구하는 경관 기대수준을 충분히 만족시키는 설계안 선정을 목적으로 한다.

1.3 공모개요

- 주최 : 서울특별시
- 위치 : 대한민국 서울특별시 용산구 이촌동 302-6, 146일대 (노들섬)
- 대상지면적 : 섬 상단 53,665㎡(도로 7,153㎡ 제외), 섬 하단(하천부지) 59,036㎡
- 건축공사비 : 195억 원(건축 부대토목 및 부가세 포함)
- 기반시설공사비 : 241억 원(토목/조경/현황측량/옹벽/동·서측연결 및 부가세 포함)
- 총 설계비 : 19.69억 원 (부가세 포함)
- 설계 기간 : 설계용역 계약체결 후 약 8개월

1.4 공모방식

본 설계공모는 국내외 전문가를 대상으로 한 공개경쟁방식이다.

1.5 사용언어 및 단위

본 공모전의 공식 언어는 한국어와 영어이다. 모든 공식 문서는 한국어와 영어로 작성되어 배포될 것이며, 한국어와 영어사이에 해석상의 충돌이 있을 경우 한국어를 우선으로 한다. 제출 도면 및 문서는 한국어 또는 영어로 작성하며, 영어로 작성할 경우 해석상 분쟁이 없도록 명쾌하게 작성하되, 분쟁 발생 시에는 주최자의 해석을 우선으로 한다. 계량단위는 미터법을 사용한다.

1.6 참가자격

국내외 건축, 조경 및 도시설계 등 관련분야 전문가가 모두 참여 가능하며 공동응모 시 총 5명까지 응모가능하다.

공동 응모 시 팀원 중 1인을 대표자로 선정하여 등록하여야 하며, 대표자는 실시설계도면의 납품에 대한 책임이 있다.

참가등록 시 등록자 중 최소 1인은 반드시 국내 혹은 외국의 건축사(Licensed Architect)여야 한다. 건축사는 참가등록시점 기준으로 해당국 관련법에 의거해 건축사 자격 조건을 유지하고 있어야 하며 이를 문서로 증명할 수 있어야 한다.

심사위원, 운영위원 혹은 그가 속한 조직의 직원, 기타 공모 관계자 등은 참가할 수 없다.

출처: http://nodeul.org/3rd_stage/, 검색일: 2016. 3. 28

그림 21 서울시 노들꿈섬 공간.시설 조성 설계공모 사례

■ 전문가 온라인 제안

이해관계자의 범위가 넓고 다양한 경우, 문제를 푸는 데 도움을 받을 수 있다.

(1) 모집 방법: 전문가 온라인 제안

(2) 참여자: 이해관계자 중 관련 기관 및 전문가

(3) 절차

– 이해관계자 선정 및 온라인 협업 방법 결정
– 참여 협조 공문 발송
– 참여자 파악 및 참여 방법 공지
– 의견 수집 및 협업
– 최종 해결 방안 선정 및 실행 계획 수립

■ 전문가 평가

표 5 2014 모바일 앱 아이디어 공모전 심사 심사평가표 예시

심사항목		평가기준	배점	평가
서면 심사	창의성	• 독창적이며 새로운 내용인지 여부 – 아이디어 내용의 새롭고 참신함 여부	40점	
	흥미도	• 아이디어의 현실적 반응 및 유용한 사용 가능성 – 이용자에 미치는 영향, 그 범위를 평가	30점	
	실현가능성	• 아이디어의 실제 개발 및 실현 가능 여부 – 제도화 가능 또는 투입 대비 성능 여부 반영	30점	
소 계			100점	
발표 심사	발표	• 발표자료 충실성, 발표태도 • 발표 및 답변의 적정성	10점	
소 계			10점	
총계=서면심사 소계 × 0.9+발표심사 소계				
비고				

출처: cse.ssu.ac.kr/pack/bbs/down.php?f_name...아이디어_공모전...hwp, 검색일 2016. 8. 19

표 5 미래전파연구 아이디어 공모 및 창의설계·제작 경진대회의 심사 기준

심사 기준

- 미래전파연구 아이디어 공모 및 창의설계·제작 경진대회의 심사 기준입니다.

1. 아이디어 및 논문 공모전 심사항목 및 배점

심사 항목	내용	배점
창의성	아이디어나 접근 방식이 얼마나 독창성을 가지고 있는가?	30
논리성	아이디어가 명료성 및 객관성을 갖고 모순됨이 없는가?	20
실용성	아이디어의 실용화 가능성과 사회에 미치는 영향 및 기여는 어느 정도인가? (긍정적인 측면)	30
미래지향성	아이디어가 다가올 미래를 어느 정도 발전시킬 수 있는가?	20
합계		100

2. 창의설계 · 제작 경진대회 심사항목 및 배점

심사 항목	내용	배점
창의성	접수된 내용이 어느 정도의 독창성을 가지고 있는가?	20
완성도	시제품이 어느 정도의 완성도를 가지는가?	20
난이도	시제품을 구현하는 과정에서 어느 정도의 난이도를 필요로 하는가?	20
사회기여도	접수된 내용이 실현 또는 구현된다면 사회에 미치는 영향 및 기여는 어느 정도인가? (긍정적인 측면)	20
미래지향성	접수된 내용이 다가올 미래를 어느 정도 예측하고 실현가능한가?	20
합계		100

〈출처: http://creativeradio.kr/Judge, 검색일 2016. 8. 19〉

■ 아이디어 평가회의 사례

성신여대 캠퍼스의 편리하고 효율적인 이동을 돕는 서비스에 대한 여러 디자인 안의 채택 여부를 놓고 브레인스토밍을 실시하였다. 브레인스토밍은 진행자 1명, 기록자 1명, 참여자 12명의 자유토론을 통해 진행되었다. 그 결과, (디자인 방향이 유사한) A조·B조, C조의 두 가지 디자인방향의 장단점이 토의를 통해 도출되어 디자인 안이 선정되었다.

표 7 성신여대 캠퍼스의 편리하고 효율적인 이동을 돕는 서비스 아이디어 평가회의 예시

<table>
<tr><th>경로에 따른 디자인 영역</th><th>아이디어</th><th colspan="2">찬성(○)
반대(×)</th></tr>
<tr><td rowspan="3">1) 정문 안내도</td><td>1) 평면도로 바꿔야 한다</td><td colspan="2">×</td></tr>
<tr><td>2) 장애우 도움시설건물 외에는 흑백으로 처리해야 한다.</td><td colspan="2">○</td></tr>
<tr><td>3) 안내도에 장애학생센터에 직통연결이 가능한 비상 전화를 설치한다.</td><td colspan="2">○</td></tr>
<tr><td rowspan="3">2) 체육관 앞 방향표지판, 캠퍼스안내도</td><td>1) 캠퍼스안내도의 위치를 바꾼다.</td><td colspan="2">○</td></tr>
<tr><td>2) 방향표지판을 없앤다.</td><td>△</td><td rowspan="2">수정 필요한 것은 동의</td></tr>
<tr><td>3) 방향표지판과 캠퍼스안내도를 통합한다.</td><td>△</td></tr>
<tr><td>⋮</td><td>⋮</td><td colspan="2">⋮</td></tr>
<tr><td>24) 음악관 2층 복도</td><td>음악관 복도 끝부터 디자인강의실이 시작되므로, 거울위에 사인이 필요하다.</td><td colspan="2">○</td></tr>
</table>

출처: 김미현, 2014

■ 인센티브 등 참여 활성화 사례

2013년도 국민·공무원제안 활성화 추진 지침(안전행정부) 사례

□ 제안등급 및 포상금 펀딩(Funding)제도 도입(특허청)

- 우수제안 심사 시 제안자 발표 및 질의응답 후 각 심사위원에게 배정된 포상금(30만원) 내에서 펀딩형식*으로 우수제안 평가
  - * 제안별로 펀딩받은 포상금 합계 순위에 따라 우수제안 등급 및 포상금 결정 방식
- 제안에 대한 직원 관심 제고 및 우수제안에 대한 합리적 포상 시행

□ 제안자 및 채택·실시자에 대한 공동포상 확대

- 채택된 제안을 대상으로 제안 수준에 부합하는 인센티브 제공
  - 정책반영 제안, 중앙우수제안 등 고등급 제안에는 특별승진·승급, 인사상 가점 등을 시행(공무원제안규정 제17조)
    - ※ 창안등급 외 제안자, 단순참가자도 문화상품권·마일리지 등 지급
- 자체 포상 시 아이디어 제안자와 함께 채택·실시에 기여한 공무원과 부서에 대해 포상하여 제도개선의 동기 부여
  - ※ 채택·실시자에 대한 보상 수준을 부제안자 수준으로 제고

참고문헌

- 최환석(2013), "멀티미디어 콘텐츠 설계", 한밭대학교: http://dial.hanbat.ac.kr/home/bbs/upload/basic_bbs/bbs_8_331_1.pdf(검색일: 2016. 3. 28)
- 하상현(2002), "창의적 아이디어 생성 증진을 위한 브레인스토밍 웹사이트의 설계 및 구현", 경성대학교 교육대학원 석사학위논문.
- 이지혜(2016), "서비스 디자인 프로세스에 의한 co-creation 과정 평가에 관한 연구: 그린카드 서비스 사례를 중심으로", 연세대학교 생활환경대학원 석사학위논문.
- 대구교육청(2014), 창의적 사고 개발 기법: www.kbmge.go.kr/webgear/board_pds/ 12196/사고기법.hwp(검색일: 2016. 3. 28)
- 김미현(2014), "코크리에이션에 기초한 서비스디자인 방법론", 성신여자대학교 대학원 석사학위논문.

5. 5단계: 아이디어 구체화

1) 개 요

5단계는 디자인씽킹의 프로토타입 적용 단계로 본격적인 예산집행 전에 시도해볼 가치가 있는 아이디어의 시범적용, 프로토타입 등을 통해 아이디어를 구체화하고 이해관계자의 의견을 통해 개선하여 최종안을 결정하는 과정이다.

2) 목 표

이 단계의 구체적인 목표는 다음과 같다.

- 아이디어 구체화
- 구체화된 아이디어 개선

3) 주요 고려사항

이 단계에서 성공적으로 실행하기 위해 고려해야 할 주요 사항은 다음과 같다.

- 서비스가 실제로 존재하는 장소, 상황 등을 고려한 프로토타입을 개발하여 사용자의 반응을 관찰하여야 함
- 아직 구체화되지 않은 시스템, 서비스를 사용자에게 실제로 사용하는 것과 같은 경험을 제공하여야 함
- 서비스의 바람직한 상황과 사용성, 실행가능성까지 다양한 측면에서 고려

4) 산출물

이 단계에서 도출되는 산출물은 다음과 같다.

- 구체화된 아이디어 제안서
- 서비스 블루프린트
- 서비스 프로토타입

5) 5단계 추진도

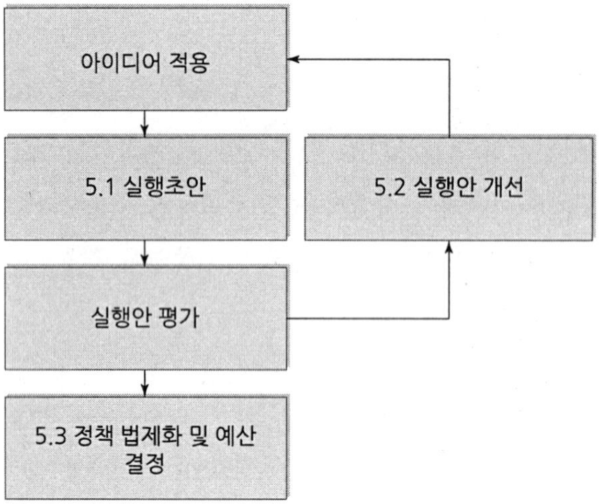

그림 22 5단계 추진도

6) 추진방법

5단계 추진도에 따른 구체적인 실행방법은 다음과 같다.

5.1 실행 초안

수요자에게 실제 경험과 동일한 경험환경을 제공하여 실현가능성이 높은 환경을 예측하기 위해 서비스 블루프린트, 서비스 프로토타입 등을 활용할 수 있다. 이후 각 방안의 장단점을 파악하여 통해 보다 정교한 모델 개발이 가능하다.

(1) 서비스 프로토타입(Service Protoytpe)

–개요

- 서비스가 실제로 존재하는 장소, 상황 등을 고려한 프로토타입을 개발하여 사용자의 상호 작용을 관찰
- 아직 구체화되지 않은 제품, 시스템, 서비스를 사용자에게 실제로 사용

하는 것과 같은 경험을 제공

- 서비스의 바람직한 상황과 사용성, 실행가능성까지 다양한 측면에서 통찰력을 제공
- 시간적 제약 또는 보이지 않는 측면과 같은 다루기 힘든 상황에 효과적임

– 절차(p. 89 서비스 프로토타입 참조)

프로토타입 방법의 적합성 여부 결정(Define)
↓
기본 요구사항의 정의(List UP)
↓
프로토타입 제작 ← 완성품에 가까운 실물 크기의 공간 레이아웃과 키트 기반 가구 디자인을 프로토타이핑
↓
서비스 프로토타입 기법의 적용 및 평가 ← 사용자들이 서비스를 실제 상황과 흡사하게 경험해보면서 문제점이나 개선점을 제안
↓
서비스 프로토타입의 수정

• IDEO의 미국 적십자사 이동식 헌혈 차량의 서비스 프로토타입

(2) 서비스 블루프린트(Service Blueprint)

–개념

- 핵심서비스 프로세스의 특성이 나타나도록 알아보기 쉬운 방식으로 가시화하여 문제를 찾고 혁신하기 위해 사용하는 방법임
- 보이지 않는 서비스를 가시화하여 문제를 찾고 혁신하기 위해 사용하는 방법
- 직원, 고객, 기업 측에서 서비스 전달 과정에서 수행해야 하는 각자의 역할과 서비스 프로세스와 관련된 단계와 흐름 등 서비스 전반을 이해하도록 묘사해 놓은 것
- 흐름도에 포함된 일련의 서비스 활동들을 '가시선(line of visibility)의 개념을 도입하여 눈에 보이는 전방업무와 보이지 않는 후방업무로 나누어 보는 것임
- 서비스를 개발할 때 그 서비스에 대한 구체적인 사항이 명시된 큰 그림으로 서비스 마케팅에서 이미 사용되고 있음
- 서비스의 모든 요소를 조직 내·외부의 이해관계자가 효과적으로 커뮤니케이션할 수 있도록 객관적이고 시각적으로 표현된 서비스의 청사진임
- 서비스 조직의 복잡한 업무를 전체적으로 볼 수 있어서 관리자로 하여금 전체 과정을 정확히 판단할 수 있게 하며, 새로운 서비스 개발이나 평가에 대해 유익한 정보를 제공
- 예를 들어 외식업의 경우는 종업원과 고객 간의 직접적 접촉이 많은 서비스 형태이기 때문에 특히 서비스 접점에서의 관리가 중요. 고객과 종업원 간의 서비스 접점은 직접적으로는 상호작용 선상에서, 간접적으로는 고객의 물리적 증거로부터 이루어짐

−작성 단계(p. 91 서비스 블루프린트 참조)

1 단계
서비스 프로세스를 구분하는 단계

- 고객의 눈에 보이는 활동과 보이지 않는 활동을 가시선으로 구분하여 도표 작성
- 가시선 아래 활동은 서비스 제공자들이 고객에게 보이지 않게 서비스를 공급하는 과정을 말함

2 단계
실수 가능성을 제시하는 단계

- 서비스 운영자에게 실수 가능성을 제시
- 실패를 미연에 방지
- 보다 높은 품질 서비스를 고객에게 전달할 수 있게 함

3 단계
성과를 분석하는 단계

- 각각의 서비스가 수행되는 소요시간을 관측
- 비정상적인 실패나 지연이 있을 때는 이를 분석함

−카네기멜론대학에서는 종합병원 외래 진료실의 의료서비스디자인 서비스 블루프린트를 작성하였다.

- 의사들의 상호작용을 바탕으로 서비스 블루프린트를 제작
- 환자들이 다양한 터치포인트에서 겪는 상호작용뿐 아니라 상호작용을 지원하는 비가치 영역의 시스템과 직원들을 확인

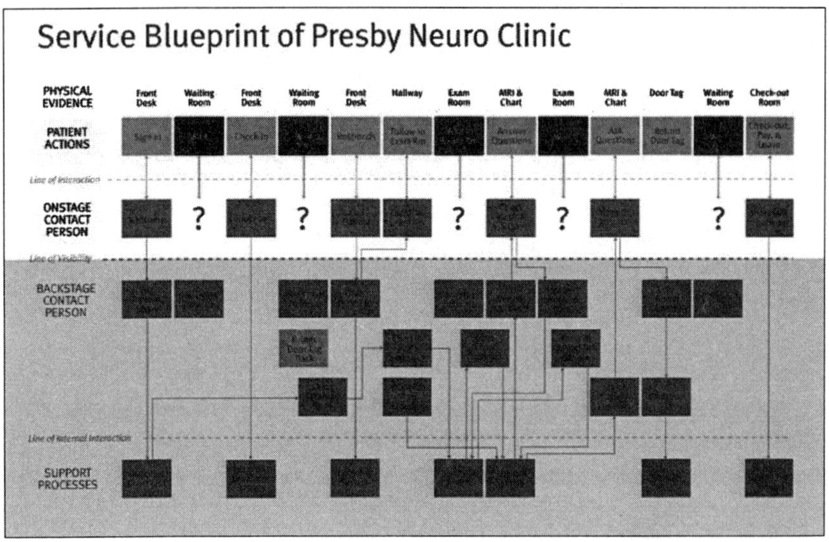

출처: http://www.slideshare.net/jaminhegeman/service-design-an-interaction-design-perspective 검색일 2016. 3. 25

5.2 실행안 개선

－개요

• 도출된 해결방안의 실현가능성을 평가하기 위한 과정으로 해결방안의 장단점을 파악하여 보다 정교한 모델을 개발하는 단계로 수정과 보완을 통해 수혜자의 요구에 가장 부합한 최종안 결정

• 도출된 해결방안의 최종단계 전 실현가능성을 평가

－단계

서비스의 장단점 파악을 통해 보다 정교한 서비스 모델 개발

• 디자인 과정에서 약 30여 명의 병원 의료진과 환자 면담
• 디자인 아이디어에 대한 피드백을 통해 몇가지 디자인 변경

수혜자의 필요에 가장 부합하는 최종 해결방안 완성을 위해 현재 도출된 시범사업의 수정 및 보완

• 금속소재였던 스냅단추가 MRI 기계에 들어갈 수 없다는 사실을 발견하고 소재 변경
• 환자가 모니터나 호흡 보조기구를 부착하고 있는 경우 머리 위로 입힐 수 없다는 점을 발견하여 어깨부분이 열리는 디자인으로 수정

체험을 통한 디자인 카운슬의 환자의 존엄성 보호를 위한 프로토타입 검증 및 평가

5.3 정책 법제화 및 예산 결정

과제 또는 정책적 의제가 된 문제를 해결하기 위해 행정적 조치 또는 현존하는 정책의 변경이나 보완으로도 충분한지를 검토한 후, 법제화 및 예산을 결정한다.

(1) 정책 법제화

－법제화 과정은 정책을 법령으로 변환하는 작업이기 때문에 정책 전문가와

법제 전문가가 긴밀히 협조
- 협력관계가 전제되어야만 정책목표를 효율적으로 수행할 수 있음
- 법령 집행과정에서 국민의 자유와 권리가 부당하게 침해되지 않도록 하는 한편 침해가 발생하더라도 쉽게 구제할 수 있게 법제화(p. 92 정책의 법제화 참조)

(2) 예산 결정
- 총체주의적 예산결정
  - 합리적 선택모형에 입각한 예산상의 의사결정을 의미하며, 합리적 선택모형은 의사결정에서의 합리적·분석적 선택을 의미. 예산결정 과정을 합리화해 예산상의 편익을 극대화하기 위한 결정방식으로서 규범적 성격이 강함
- 점증주의적 예산결정
  - 총체주의와 대비되는 모형으로 상황의 불확실성과 인간 능력의 부족을 전제로 한 결정모형을 제시. 현존 정책에서 소폭적인 변화만을 대안으로 고려해 정책을 결정할 수밖에 없다고 보고 기존에 있는 것을 토대로 보완·수정하는 방식으로 결정한다고 주장(p. 93 예산결정 참조)

7) 5단계에서 활용되는 템플릿 및 사례 예시

■ 서비스 프로토타입

서비스 프로토타입 사례('Make it Work')

리브워크는 잉글랜드 북쪽 도시 선덜랜드(Sunderland)에서 '디자인을 통해 실업률을 낮추자'라는 모험적 과제와 맞닥뜨리게 되었다.

결론부터 말하자면, 리브워크 디자이너들은 서비스디자인 방법론을 적용함으로써 극적인 성과를 달성하게 되었다. 3개월 동안 디자인 팀은 12명의 장기 실업자들과 함께 요구사항을 정리하며 서비스 담당 직원들과 함께 현재 제공되는 실업자 지원사업의 혼란스러운 내용을 파악했다. 실업자들이 실업 상태에서 일자리를 찾게 되는 과정을 나타내는 경로를 작성하고 검토

해보니 여러 사람의 경로가 유사하지만 요구사항은 다양하여 이들을 돕기 위해서는 보다 잘 조율된 접근법이 필요함을 알 수 있었다. 특히 직업을 구하는 절차에서 대상자가 어떻게 서로 다른 서비스와 연관되어 있었나를 보여주는 새로운 시각화 결과가 문제를 파악하는 데 결정적 역할을 했다.

또한 프로젝트 팀은 교육에서부터 실업자에게 일자리를 찾아주는 일에 참여하는 다양한 지역사회기구 간 네트워크를 구성하는 방법에 이르기까지 다양한 아이디어들을 시각화했다. 다음으로 고객 그룹과 연계된 지역사회 기구들과 함께 아이디어에 대한 서비스 시제품(Service Prototype)을 제안하고 그들이 자발적으로 서비스의 완성에 참여하도록 유도했다. 그 결과 총 280개 이상의 서비스 제공자로 구성된 일련의 서비스가 탄생하게 되었다.

영국 정부는 장기 실업자에게 일자리를 마련해 주는 데 통상 1인당 6만 2천 파운드(1억 1천만 원 내외)의 예산을 써 왔으나 서비스디자인 방법을 적용한 이 프로젝트를 통해 그 비용은 5천 파운드까지 줄어들었다. 또한 1천 명 이상의 지원자 중 275명에게 새 일자리를 제공했다.

〈출처: thehidden.cafe24.com. 검색일 2016. 3. 25〉

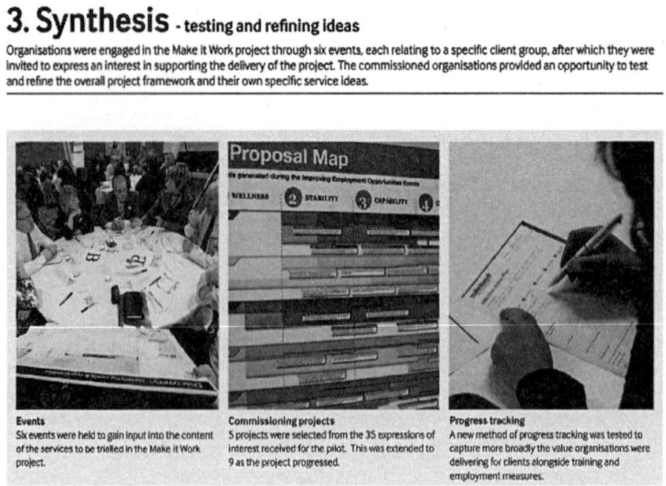

출처: Service Design Platform

그림 23 노던 웨이 실업자 구제 시범사업 서비스 프로토타입 사례

■ 서비스 블루프린트(Service Blueprint)

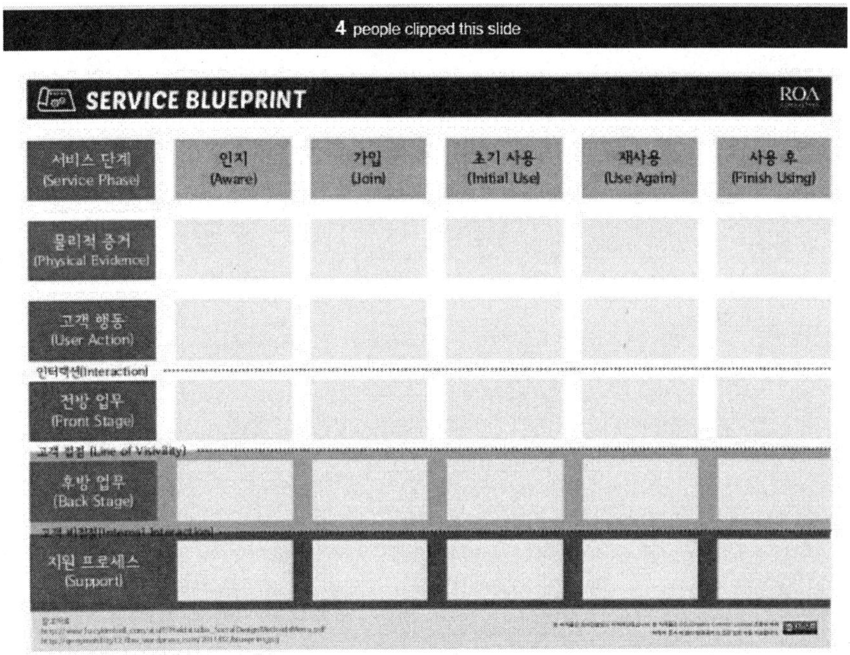

출처: servicedesignplatform, http://servicedesignplatform.com/archives/819, 검색일 2019. 3. 28

그림 24 서비스 블루프린트 템플릿

서비스 블루프린트 사례

2020년에는 재택근무가 활성화되면서 자신이 정한 조건, 자신이 정한 무대에서 자유롭게 모였다 흩어지는 프리에이전트(Free Agent) 시대가 가속화될 전망이다. 기존의 사회적 계약이 붕괴됨으로써 오픈플랫폼(Open Platform) 형태의 계약관계로 발전될 가능성이 크다. 이와 같은 사회적인 변화를 고려하여 세계경제의 양극화와 청년실업 문제를 완화할 수 있는 지식공유 기반의 Open Platform & Crowd-Sourcing을 서비스 블루프린트로 제시하였다.

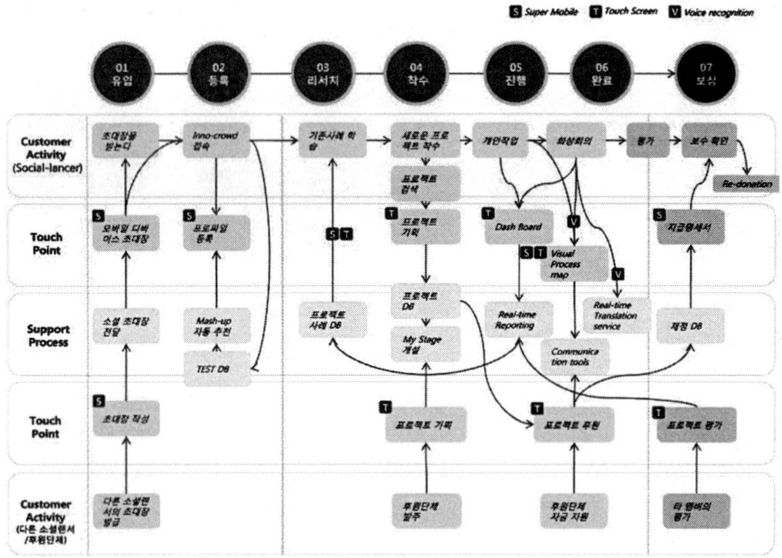

출처: 한국디자인진흥원, 2011, p. 59

그림 25 Open Design Service Platform 서비스 블루프린트

■ 정책의 법제화

정책의 법제화

(1) 어떤 정책을 결정한 후에 그 정책의 시행과 관련하여 입법이 필요하다고 판단되면, 정책의 주무부처인 중앙행정기관이 그 소관 사항에 대하여 법령안을 입안

(2) 일반적으로 정책결정과정에서 전문연구기관에 의한 조사·연구, 정책추진팀 또는 협의체의 구성 등을 통하여 정책의 내용에 관하여 심도 있는 논의를 하게 되는데, 법령안의 작성은 이러한 정책결정과정에서 검토·정리한 결과를 객관적인 언어로 구체화·규범화하는 과정임

〈출처: 법제처 홈페이지, http://www.moleg.go.kr/lawinfo/governmentLegislation/process /processSchedule, 검색일 2016. 4. 5〉

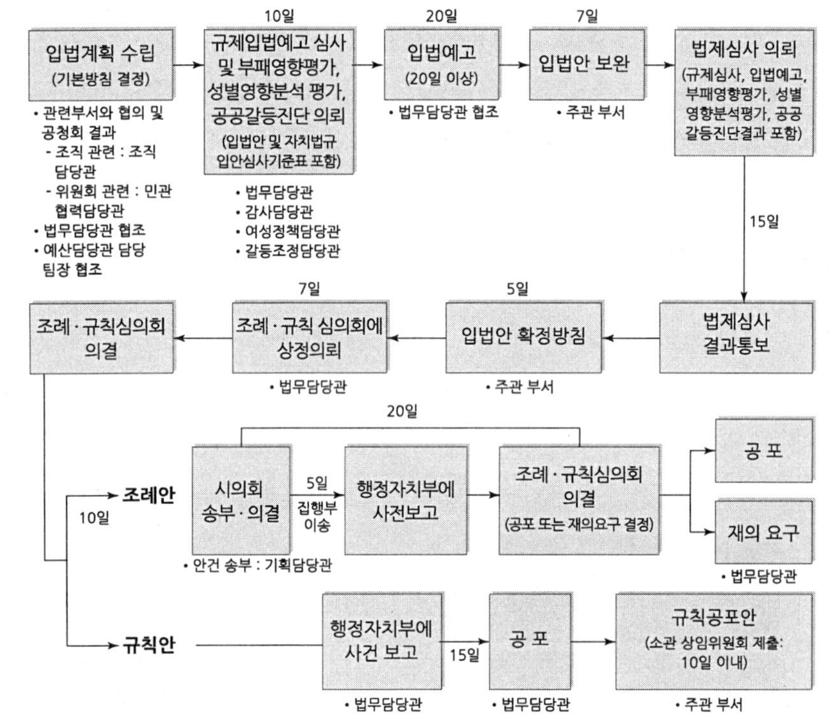

출처: 서울 특별시 법무행정서비스

그림 26 자치법규 입법절차

■ 예산결정

정부의 예산안 편성

예산은 국가재원을 배분하여 집행하기 위한 계획으로서, 예산과정은 정부의 예산안 편성에서 시작한다. 이는 국고관리와 재정·경제정책의 총괄부처인 기획재정부를 중심으로 이루어지는데, 순서대로 살펴보면 다음과 같다.

(1) 각 부처는 매년 1월 31일까지 기획재정부에 중기사업계획서를 제출하고, 정부는 이를 바탕으로 향후 5년간 재정운용의 기본방향과 목표, 경제성장률 및 세입규모 등에 대한 전망, 분야별 재원배분 계획과 투자방향 등

이 포함된 국가재정운용계획을 수립

(2) 국가재정운용계획은 국가의 정책전망과 재원배분계획을 제시하는 5년 단위의 계획으로, 단년도 예산편성의 기본 틀이 되며, 매년 경제·사회적 여건의 변화를 반영하여 조정·보완

(3) 기획재정부는 이러한 계획에 기초하여 3월 31일까지 각 부처에 다음 연도의 예산안 편성지침을 통보하는데, 여기에는 예산안 편성에 필요한 세부원칙과 사업유형별 지침 등이 포함되어 있음

(4) 각 부처는 이에 따라 예산요구서를 작성하여 기획재정부에 5월 31일까지 제출하고, 기획재정부는 각 부처의 예산요구서를 바탕으로 예산안을 편성하여 9월 3일까지 국회에 제출

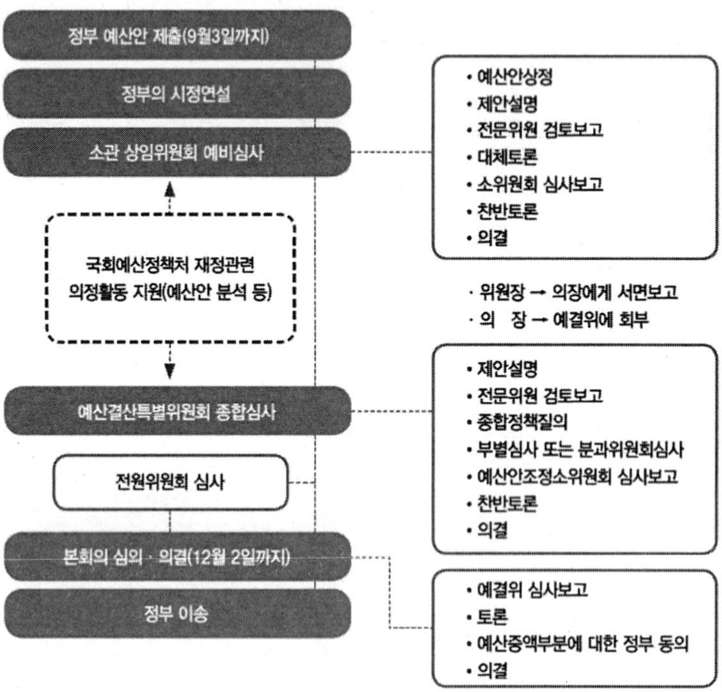

출처: 국회예산정책처 http://www.nabo.go.kr/Sub/01Report/04_01_02_Contents.jsp, 검색일 2016. 4. 5

그림 27 국회 예산심의절차

참고문헌

- 이지민 · 김연성 · 이동원(2010), "항공사 기내서비스의 서비스청사진 분석에 관한 연구", 품질경영학회지, 제38권 제4호, pp. 593-600.
- 한국디자인진흥원(2013), "서비스디자인 툴킷 레퍼런스북".
- 박근완 · 박광태(2008), "서비스 청사진을 이용한 병원서비스 개선방안에 관한 연구", 한국IT서비스학회지, 제7권 제2호, pp. 223-242.
- 송하진(2013), "시민이 주도하는 공공서비스디자인", The Hope Report, 6호.
- 한국디자인진흥원(2011), "Design Dive 2020 미래 시나리오".
- Service Design Platform, "노던 웨이 실업자 구제 시범 사업 사례", http://thehidden.cafe24.com(검색일: 2016. 4. 5)
- 이창무(2015), "산업기술보호정책의 법제화 과정 분석: 역사적 신제도주의 관점", 정책분석평가학회보, 제25권 제4호, pp. 293-310.
- 서울 특별시 법무행정서비스 http://legal.seoul.go.kr/legal/front/page/knowledge. html?pAct=lawinfo_view&pNo=3&pTreeOpenId=lawinfo_list 검색일 2016. 4. 5.
- 국회예산정책처 http://www.nabo.go.kr/Sub/01Report/04_01_02_Contents.jsp(검색일: 2016. 4. 5)

6. 6단계: 실행

1) 개 요

6단계는 지역혁신을 위한 과제 또는 정책을 직접 실행하는 단계로 사업이나 정책을 실행하고 실행과정에 대한 온·오프라인 모니터링을 실시한다.

2) 목 표

이 단계의 구체적인 목표는 다음과 같다.

- 과제와 관련된 사업 또는 정책 실행
- 실행 과정에 대한 모니터링 및 피드백

3) 주요 고려사항

이 단계에서 성공적으로 실행하기 위해 고려해야 할 주요 사항은 다음과 같다.

- 실행 시 주관 담당기관에서 사업이나 정책 실행과 관련된 각종 예산, 법률적 근거 등을 고려하여 실행하여야 함
- 실행 과정에서 주요 이해관계자들의 갈등 해결 정도를 확인할 때 각각의 이해관계자들의 입장을 대변할 수 있도록 함
- 실행과정에 대한 모니터링을 위해서 모니터링의 구체적인 범위, 방법, 보고서 작성 등에 대한 교육을 위한 전문가의 참여가 필요하며, 모니터링 내용에 대한 전문가 자문회의 등을 추진할 필요가 있음

4) 산출물

이 단계에서 도출되는 산출물은 다음과 같다.

- 과제/정책 실행 과정서

- 모니터링 결과서
- 피드백 내용서

5) 6단계 추진도

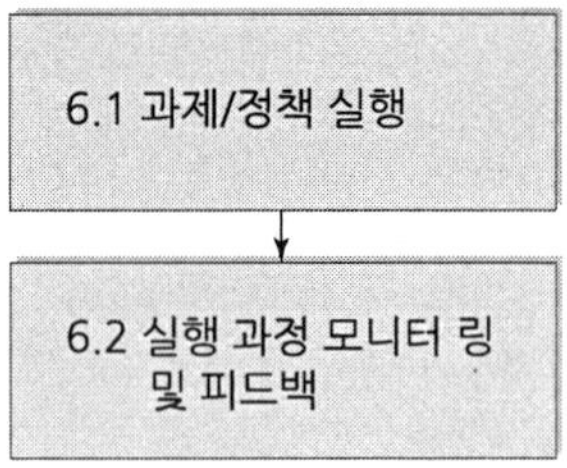

그림 28 6단계 추진도

6) 추진방법

6단계 추진도에 따른 구체적인 실행방법은 다음과 같다.

6.1 과제/정책 실행

최종 결정된 의제/과제를 해결하기 위해 사업 또는 정책을 담당 주관부서에서 실행함

(1) 담당 주관부서의 실행을 위한 예산 및 법률적 근거 확인

- 담당 주관부서는 사업 또는 정책 실행에 편성된 예산 확인
- 담당 주관부서는 사업 또는 정책 실행에 대한 법률적 근거 확인

(2) 담당 주관부서 사업 또는 정책 실행

- 주관부서(지방정부 또는 중앙정부)에서는 단독 또는 관련되는 참여 부서와 함께 실행
- 사업 또는 정책에 대한 기간, 대상 및 범위를 고려하여 실행

6.2 실행 과정 모니터링 및 피드백

실행을 담당하고 있는 각 부서에서 정책 및 사업의 실행 과정에 대한 온라인 및 현장 모니터링을 실시하여 계획대로 잘 실행되고 있는지, 또한 실행과정 상 문제점은 없는지, 사업 또는 정책 중에서 어떠한 면이 확대되고 또한 수정되어야 하는지 등의 과정에 대한 모니터링을 실시하여 이후 이를 다른 문제의 자료로 활용할 수도 있으며, 실행의 효과를 높일 수 있도록 주요 내용을 피드백 한다.

(1) 과제/정책 실행 과정에 대한 모니터링 계획

- 과제/정책 실행 과정에 대한 모니터링을 실시하기 위해 사전에 어떠한 내용을 중심으로 실시할지 또는 모니터링 실시 대상은 누구로 할지 등에 대한 사전 계획이 필요
- 온라인 모니터링의 경우 홈페이지, SNS 등 어떠한 경로를 통해서 할지, 참여자에 대한 인센티브 정도 등에 대한 계획이 필요
- 또한 현장 모니터링의 경우에는 모니터링 요원을 어떤 방법으로 선발할지, 조사 내용의 구성, 조사방법, 요원 활용에 대한 예산 등 다각적인 계획을 수립해야 함
- 과제/정책에 따라서 IT 기술을 활용한 오피니언 마이닝(Opinion mining)을 실시(p. 103 오피니언 마이닝 분석 참조)

(2) 과제/정책 실행 과정에 대한 모니터링 실시

- 실행 과정에 대한 모니터링은 과제에 따라 온라인과 현장 모니터링, 감성 분석 등을 선택하여 활용할 수 있음
- 온라인 모니터링은 다음과 같은 절차로 수행할 수 있음(p. 100 온라인모니터링 사례 참조)
  - 담당부서에서는 실행 중인 정책 및 사업에 대해 시행일시, 실행현황, 처리과정, 향후계획 등을 포함한 자료게시 및 공개
  - 홈페이지, SNS를 통해 공개된 진행현황과 실행 중인 정책 및 사업에 대

해 모든 시민들이 관련한 다양한 의견을 제시하도록 함

- 온라인으로 의견을 작성 시 소정의 사례금 지급(무료통화권 또는 마일리지 등)
- 담당자는 시민들의 의견, 신문·방송 등의 의견 등의 결과를 보고서로 작성

–현장 모니터링은 다음과 같은 절차로 수행할 수 있음(p. 101 현장 모니터링 참조)

- 모든 시민을 대상으로 일정 기간 동안 활동할 현장 모니터링 요원의 공개 모집
- 모집된 모니터링단을 대상으로 모니터링과 관련된 교육 실시(p. 101 현장 모니터링 양성교육 참조)
- 현장 모니터링단이 실행 과정에 대한 모니터링을 할 수 있도록 사전 조사내용 및 설문형식 등을 작성하여 배부
- 실제 정책(사업)이 진행 중인 현장으로 나가 불편사항, 의견 수렴, 개선사항 등을 사전 조사 내용에 맞게 작성 및 모니터링 실시
- 현장 모니터링 결과에 대한 보고서를 정리하여 보고
- 활동시민에 대해서는 위촉장, 자원봉사활동시간 인정 등의 보상 제공 및 예산 범위 내에서 인건비 지급

–IT 기술을 활용한 오피니언 마이닝은 다음과 같은 절차로 수행할 수 있음

- 트위터 및 페이스북 등의 SNS, 카페, 블로그, 신문, 방송 내용 등에서 과제/정책과 관련된 텍스트 데이터를 추출
- 추출된 텍스트 데이터를 가지고 과제/정책 실행에서 사람들의 의견과 감정이 어떻게 나타나는지에 대한 형태소분석을 실시
- 과제/정책 관련 텍스트 데이터에서 사람들의 의견 및 감정을 분석할 수 있도록 감성사전 구축
- 오피니언 마이닝 분석 실시(p. 103 오피니언 마이닝 분석 참조)
- 결과 제시

(3) 모니터링 결과 내용에 대한 피드백

–모니터링에 대한 내용을 정리하여 피드백 실시

–이를 정책 실행에 반영하거나 차후 유사문제 해결에 반영

7) 6단계에서 활용되는 템플릿 및 사례 예시

■ 온라인 모니터링 사례

경상남도는 여성의 경력유지 정책을 실행하면서 다음과 같은 절차를 통해 온라인 모니터링을 실시하였다(한국여성정책연구원, 2014). 먼저 정책현장의 목소리를 반영할 수 있는 근로자, 상담원, 기업 관계자 등으로 구성하기 위하여 온라인 커뮤니티(http://cafe.naver.com/vivakwdi)를 통해 모니터링단을 모집하였다. 이 커뮤니티에 근로자, 각종 여성단체 상담원, 새일센터 이용자, 보육시설 이용자, 기업의 인사 담당자 등 현장의 목소리를 반영할 수 있는 인력풀 구성을 위해 관련자의 참여를 독려하여 최종 500여명 내외로 구성하여 운영하였다. 모니터링 책임기관에서는 온라인 참여에 적합한 사람을 추천하고 이를 중앙 모니터링단에서 구성 운영하는 방식을 활용하였다.

온라인 모니터링 참여자는 주제별로 현장의 경험담, 상담사례 등 주제별 게시판에 업로드하게 하였고, 온라인상에서 서로 의견을 주고받을 수 있도록 하였다. 온라인 모니터링단이 커뮤니티에 의견을 작성하는 경우 이에 대한 소정의 사례금을 지급하였다. 이를 통해 중앙모니터링단에서는 현장의 의견 및 여론의 결과를 바탕으로 정책의 성공·실패 등의 결과, 요인 등을 분석·정리하여 모니터링 보고서를 작성하였다.

■ 현장 모니터링단 양성교육

정책실행 현장에서의 모니터링을 위한 모니터링 요원을 모집하는 것이 필요하다. 모니터링 요원은 관련 정책이 어떻게 시행되고 있는지, 어떤 방법으로 모니터링을 하면 되는지 등에 대해서 알아야 한다. 따라서 모니터링단을 모집한 후에는 이들에 대한 교육이 필요하다.

이러한 사례로 포항시에서는 성주류화 정책을 실행하면서 아래와 같이 모니터링단을 위한 양성교육을 실시하였다(경북여성정책개발원, 2015).

〈모니터링단 교육내용〉

강좌	날짜	주제	강사
1	5/11(월)	개회식 정책이란 무엇인가?	김선희(경북성별센터)
2	5/13(수)	성주류화 어떻게 할 것인가?	박해영(울산발전연구원)
3	5/18(월)	성인지 감수성 왜 중요한가?	김명륜(같이교육연구소장)
4	5/20(수)	시민참여가 좋은 정책을 만든다!	임원정규(성인지예산천국네트워크 사무처장)
5	6/1(월)	어떻게 모니터링 할 것인가?	윤경희(포항여성회 이사)
6	6/3(수)	지방조례 이렇게 만들어진다.	박희정(포항시 의원)
7	6/8(월)	모니터링 지표 활용 및 보고서 작성 방법	윤경희(포항여성회 이사)
8	6/10(수)	예산을 알면 지역이 보인다.	김상민(포항시 의원)
9	6/15(월)	실습-(현장)모니터링 실습	윤경희(포항여성회 이사)
10	6/17(수)	실습-모니터링 보고서 작성과 발표 수료식 및 교육평가	윤경희(포항여성회 이사)

출처: 경북여성정책개발원

■ 현장 모니터링

정책실행을 위한 현장 모니터링단 구성·운영은 정책현장의 목소리를 반영할 수 있는 근로자, 상담원, 관계자 등 정책분야에 따라 다양하게 구성할 수 있다. 모니터링단의 구성을 위해 책임운영기관에서 적합한 사람을 추천할 수도 있고, 지역 및 정책별 이해관계자들을 최소 6명 이상으로 구성하여 현장으로 나가도록 한다.

현장 모니터링은 가이드라인에 맞게 심층조사, 필요 시 현장방문 등을 통해 실시한다.

현장 모니터링에 대한 결과보고서를 제출한다.

붙임 2 **모니터링 결과보고서 제출 양식**

※ 작성 요령

■ 목차는 아래 순서 참조
■ 기술방식은 개조식
■ 작성 분량: 전체 10페이지 내외(붙임자료 제외)
■ 모든 목차, 개조 단위(□, ○, -), 표 및 그림 편집 양식은 스타일로 지정되어 있음. 보고서 제출시 스타일 준수 요망

<목 차>

가. 사전조사 개요(표, 그림 등 다양한 자료 활용 가능)

1) 지역별 정책 현황(기존 사전연구 및 자료 요약·정리)

□ 스타일 참조
○ 스타일 참조
- 스타일 참조

2) 정책모니터링시 고려사항(사전조사 결과, 모니터링시 중점적으로 고려한 사항 또는 지역별 특성 등 적시)

나. 모니터링 개요

1) 모니터링 대상 선정 배경

2) 모니터링 대상 구성 현황

3) 모니터링 방식

다. 모니터링 결과

1) 현장실태 분석결과

2) 정책 성공요인(현장에서 제대로 작동하는 정책의 경우)

3) 정책 문제점(현장에서 제대로 작동하지 않는 정책의 경우)

4) 정책 개선방안

붙임 1. 정책 성공사례(구체적 사례)
2. 정책 미흡사례(개선의견 포함)

출처: 한국여성정책연구원, 2014

그림 29 모니터링 결과보고서 양식

■ 오피니언 마이닝 분석

빅데이터 분석기법 중의 하나인 오피니언 마이닝은 어떠한 현안이나 정책, 이벤트 등에 대해 사람들의 긍정, 부정, 중립 등의 의견 및 감정을 분석할 수 있다. 불특정 다수의 사람들의 의견이나 감정을 알아내기 위하여 일반적인 상품평, 영화평, SNS에서 자유롭게 작성되는 비정형의 텍스트 데이터로부터 긍정, 부정 또는 중립 등의 견해에 대한 정보를 추출하는 데 활용된다. 이를 활용하여 과제/정책 등의 실행과정에서 과제/정책의 대상자들인 일반시민들이 어떻게 생각하고 있는지를 확인할 수 있다.

오피니언 마이닝의 가장 기본적인 것으로 주요 어휘에 대한 감성이 무엇인지를 알 수 있도록 하기 위해 감성사전을 구축하여 새로 주어진 텍스트에 대한 감성에 따라 문서 전체의 감성을 분류할 수 있다.

오피니언 마이닝은 대체로 3단계로 이루어진다. 어휘정보를 추출하는 단계, 추출된 특징과 의견을 나타내는 어휘가 어떤 의미로 사용되었는지 확인하고 판단하는 단계, 의견이나 정보의 내용을 효율적으로 전달하는 단계이다.

이러한 오피니언 마이닝 분석사례로 시민들의 통일에 대한 인식분석을 실시한 송태민(2015)의 연구를 살펴보면 다음과 같다.

국내 온라인 뉴스 사이트, 블로그, 카페, 소셜네트워크 서비스, 게시판 등 인터넷 채널을 통해 '통일', '남북통일', '한반도통일' 등의 유사어로 텍스트 기반의 온라인 문서 411,135건을 수집하였다. 수집된 자료에서 오피니언 마이닝을 실시하여 요인을 추출한다. 이때 오피니언 마이닝을 하기 위해서는 사용자가 감성어사전을 개발하여 해당 문서 및 어휘에 대한 감성, 즉 좋고 나쁨 등의 긍정 및 부정, 중립 등의 감성을 분석하는 방법이나 요인, 주제분석 등을 통한 감성을 분석해야 한다. 본 연구에서는 키워드 연관성 예측 분석 결과 찬성의 감정표현 단어로 평화, 필요, 중요, 노력, 관심 등의 순으로 집중된 결과를 보였고, 반대의 감정으로는 문제, 위협, 갈등, 포기, 분열 등으로 나타났다.

출처: 송태민, 2015

그림 30 오피니언 마이닝 분석결과 예시

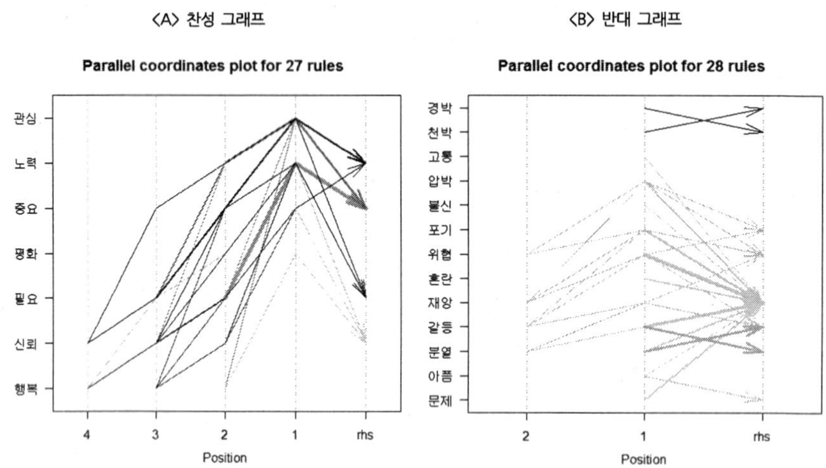

출처: 송태민, 2015

그림 31 오피니언 마이닝 분석결과 예시

참고문헌

- 한국여성정책연구원(2014), "여성의 경력유지 정책현장 모니터링: 경상남도", 2014 사업보고서 1-10-9-13.
- 송태민(2015), "소셜 빅데이터를 활용한 통일인식 동향 분석 및 예측", KDI 북한경제리뷰, 2015년 9월호.

7. 7단계: 평가 및 피드백

1) 개 요

7단계에서는 지역혁신 과제/정책 실행에 대한 목표달성을 했는지 평가하고, 그 평가와 관련된 이해관계자들의 과제/정책에 대하여 만족도 평가를 실시한다. 이를 통해 개선의견을 도출하고 피드백을 정리하는 단계이다. 최종적으로 지역혁신 과제 발굴부터 평가까지 도출된 사례를 지식저장소에 저장하여 이를 향후 비슷한 정책 및 관련 사업 문제 해결을 위한 정책을 실행할 때 참고자료로 활용할 수 있도록 한다.

2) 목 표

이 단계의 구체적인 목표는 다음과 같다.

- 실행 목표를 얼마나 달성했는지 평가
- 이해관계자들이 어느 정도 만족하고 있는지를 평가
- 과제/정책에 대한 개선의견 및 피드백 정의
- 향후 자료로 활용 가능한 사례로 저장

3) 주요 고려사항

이 단계에서 성공적으로 실행하기 위해 고려해야 할 주요 사항은 다음과 같다.

- 목표달성 정도를 평가할 때는 담당자의 입장보다는 대상자의 입장에서 목표달성 정도를 평가하는 것이 필요함. 또한 목표달성도를 평가하는 각 설문 문항은 수치화된 결과치를 영역별로 평가할 수 있도록 준비하고, 분석결과를 토대로 개선의견 및 피드백을 분석해야 함
- 이해관계자의 만족도 평가를 조사하는 방법에는 알려진 것과 같이 여러

가지 기법이 있음. 대표적으로 인터뷰 및 설문조사 등이 있음. 인터뷰는 가장 많고 정확한 정보를 얻을 수 있는 반면 개인적·주관적인 평가나 시간이 많이 소요되며, 일반화할 우려가 있음. 설문조사는 많은 사람으로부터 빠른 시간 내에 조사를 할 수 있으나 설문문항 외의 답변을 얻을 수 없는 단점이 있음. 따라서 담당자는 사업 또는 정책의 성격 및 특성에 따라 이해관계자에 대한 만족도 조사를 실시할 때 적절한 조사기법을 선택하는 것이 필요함

– 과제/정책과 관련된 직접적인 이해관계자들을 대상으로 조사해야 정확한 만족도 결과를 얻을 수 있기 때문에 과제/정책 관련 이해관계자 범위를 사전에 설정하여 조사하는 것이 바람직함

– 사례를 저장할 때는 과제/정책의 유형 및 갈등 정도 등에 따라 분류하는 기준을 설정하고 이에 따라 저장을 함으로써 향후 자료로 활용 시 효율성을 기할 수 있음

4) 산출물

이 단계에서 도출되는 산출물은 다음과 같다.

– 목표 달성 정의서
– 이해관계자 만족도 결과 점수
– 개선 의견서
– 저장된 사례 개요서

5) 7단계 추진도

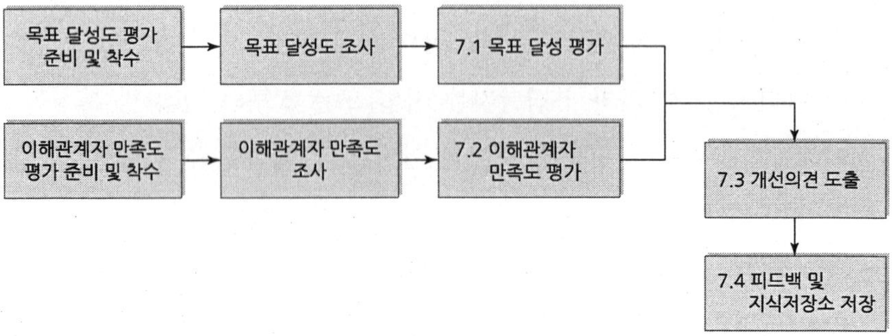

그림 32 7단계 추진도

6) 추진방법

7단계 추진도에 따른 구체적인 실행방법은 다음과 같다.

7.1 목표 달성 평가

3단계에서 설정된 최종 목표가 어느 정도 달성되었는지를 평가하기 위해 사업 또는 정책평가 영역별 지표에 따라 목표달성 정도를 분석하여야 한다. 목표달성 정도 평가는 집행 후 산출된 성과지표를 근거로 평가하는 것이 용이하다. 사업 또는 정책의 목표달성 정도를 평가하는 기준이 되는 목표의 적합성과 적절성이 필요하다. 적합성은 사업 또는 정책의 목표가 여러 가지 문제 요소들 중에서 가장 중요한 문제를 해결할 것으로 결정했는지 여부를 뜻하는 것이고, 적절성은 사업 또는 정책 목표가 지나치게 높거나 낮지 않는지 적당성 여부를 의미한다. 이와 같이 비용이나 예산 규모를 비교함으로써 목표의 적절성을 평가할 수 있을 것이다.

(1) 목표달성 평가 계획

–평가기간, 평가대상, 평가방법 등을 계획

–평가지표를 선정(목표달성 평가지표는 사회문제의 성격에 따라 각기 달라질 수 있으며, 계량적으로 예산 대비 효과측정, 3단계의 개량적 목표치 달성 여부를 파악할 수 있음)

(2) 목표달성 평가

–객관적이고 종합적으로 목표달성을 평가하기 위해 3단계에서 설정된 개량적인 목표를 평가

–목표달성도를 평가(목표치에 대한 달성 정도를 100점 만점에 몇 점 등의 계량적 수치로 작성, 정량적 성과지표를 토대로 목표달성 정도를 평가)

(3) 목표달성 평가 결과 제시

–과제/정책에 대한 목표달성 정도 결과 제시

7.2 이해관계자 만족도 평가

이해관계자 만족도 평가의 주요 목적은 과제/정책 실행의 대상자인 이해관계자들이 과제/정책에 대해서 어떻게 평가하고 있는지를 조사하는 것으로 사업 또는 정책의 적절성, 효과성, 효율성 등에 대한 전반적인 만족 정도를 평가한다. 이를 통해 향후 사업 또는 정책에서 개선되어야 할 사항 등을 파악할 수 있다.

(1) 이해관계자 만족도 조사 계획

–주요 만족도 조사를 실시할 대상 선정

–인터뷰 및 설문조사 등의 조사기법 선택

–조사기법에 따라 조사를 실시할 인원 파악

–만족도 조사를 위한 적절한 문항 내용 구성

–조사방법 선정(온라인과 오프라인 등)

(2) 이해관계자 만족도 조사(p. 112 이해관계자 만족도 조사 참조)

–조사기법(인터뷰 또는 설문조사)에 따라 조사를 실시함

- 조사방법(온라인 또는 오프라인)에 따라 조사를 실시함
  - 온라인 주민만족도 조사를 위해 홈페이지에 공지하여 온라인 만족도 조사 실시
  - 정책 및 사업의 적절성, 문제해결 기여도, 계획대비 실행성, 실행과정상의 의견수렴도, 정책 및 사업의 효과성 등을 지표로 하는 온라인 설문조사 실시
  - 오프라인 만족도 조사를 위해 실제 정책 및 사업현장에서 해당 문제 관련 이해관계자와 시민을 대상으로 정책 및 사업의 적절성, 문제해결 기여도, 계획대비 실행성, 실행과정상의 의견수렴도, 정책 및 사업의 효과성 등을 지표로 하는 현장 설문조사 실시

(3) 이해관계자 만족도 조사 결과 분석

- 조사서 배포, 회수 후 이에 대한 내용을 분석
- 이해관계자 만족도 결과를 통계적 분석 실시
- 결과를 토대로 향후 요구사항 등을 파악

7.3 개선의견 도출

개선의견 및 피드백을 얻고자 할 때 주로 사용하는 방법은 포커스 그룹 인터뷰이다. 포커스 그룹 인터뷰(Focus Group Interview: FGI)는 일반적으로 주요한 개선의견을 도출할 때 임시적으로 결론을 제안하고 토의하는 과정을 수행하게 된다. 포커스 그룹은 담당자 및 관련 부서장 등으로 구성되며, 핵심 이해관계자 등을 포함할 수 있다.

(1) 개선의견 도출을 위한 포커스 그룹 인터뷰 계획

- 담당자를 비롯한 관련 부서자, 핵심 이해관계자 등 인터뷰의 구성원을 선정
- 토의 주제를 선정
- 일시 및 장소, 시간 설정

(2) 포커스 그룹 인터뷰 실시

–의장의 개회사

–참석자 및 포커스 그룹 인터뷰의 목적 소개

–핵심 프레젠테이션, 토의, 요약 등

–토의

–폐회사

(3) 결과 분석 및 정리

–포커스 그룹에서 제시된 의견 분석

–결과 정리 및 보고서 작성

7.4 피드백 및 지식저장소 저장

지역혁신을 위한 과제 또는 정책의제 발굴부터 평가까지의 전 과정을 하나의 사례로 저장·관리하여 차후 유사문제에 대한 참고 자료 및 해결 방안으로 활용하기 위한 정리

(1) 사례 정리

–과제 및 정책의제설정-관찰 및 체험을 통한 발견(이해)-문제정의-아이디어 도출 및 아이디어 구체화-실행 및 평가, 피드백의 과정을 작성·정리

(2) 사례 분류

–정리된 사례를 사업 또는 정책의 특성, 분야, 갈등 정도, 성공 여부 등에 따라 대해서 분류

(3) 사례 저장

–저장할 사례의 분류 기준에 맞춰 사례저장소에 저장

–사례명, 키워드/색인, 요약문, 상세 내용 등으로 구분하여 저장

–사례저장소의 DB 관리, 사례에 대한 검색 및 확인 서비스 제공

7) 7단계에서 활용되는 템플릿 및 사례 예시

■ 이해관계자 만족도 조사

이해관계자들의 주요 정책 만족도 조사는 정책과제별 만족도를 객관적으로 측정하여 정책과제별 실적 평가를 위한 보완자료로 활용할 수 있으며, 과제별로 일반국민과 전문가, 공무원 당사자 등 각각의 평가를 통한 다각적인 조사를 추진하여 민의(民意)에 입각한 정책을 수립·집행을 도모하는 데 목적이 있다(산림청, 한국행정연구원, 2006).

이러한 이해관계자들의 정책 만족도 조사는 온라인과 오프라인 평가방법과 설문조사 및 인터뷰 등 기법이 다양하다.

정책 만족도 설문조사 평가 결과(예시)

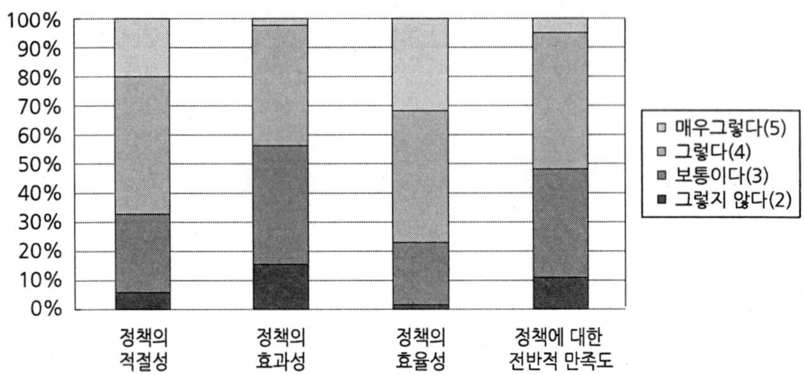

그림 33 정책만족도 결과 예시

참고문헌

• 산림청 · 한국행정연구원(2006), “2006년도 산림청 주요정책과제 만족도 조사 · 분석, 연구보고서”, 2006. 11.

부 록

공동가치창출을 위한 혁신모델의 탄생-
IT와 디자인씽킹을 통한 지역혁신의 완성

1. 공동가치창출을 위한 주민참여 활성화에 관한 연구: 감천문화마을사례
   - 이 자료는 Service Business Vol. 9 No. 4(2015)에 게재된 논문의 국문 논문임.
2. 지방정부 공공사업에 관한 일간지 미디어자료의 시계열 코퍼스분석: 기장 해수담수화플랜트사업을 중심으로
   - 이 자료는 지방정부 연구 제20권 제4호(2017)에 게재된 논문임.

공동가치창출을 위한 주민참여 활성화에 관한 연구: 감천문화마을사례
(Developing Gamcheon Cultural Village as a Tourist Destination through Co-creation)

홍순구[1] · 이현미[2]

초 록

공동가치창출(Co-creation)은 주민, 전문가, 공공기관 등 이해관계자들이 정책의 전체과정에서 모두가 주체가 되어 협력하여 새로운 가치를 창출하는 것이다. 이러한 Co-creation 전략은 지역사회 문제의 해결에 활용될 수 있다. 본 논문에서는 지역주민의 적극적인 참여로 사회문제를 성공적으로 해결한 한국의 감천문화마을재생사업 사례를 바탕으로 주민참여 활성화 방안을 제시하고자 하였다. 이를 위해 문헌자료와 지역주민, 공무원, 전문가와의 심층면접을 통해 수집된 질적자료를 근거이론으로 분석하였다. 최종적으로 분석결과를 바탕으로 주민참여 확대를 위한 이론적 모형과 함께 활성화 방안을 제시하였다. 본 연구의 기여도는 다음과 같다. 첫째 학문적으로 Co-creation을 위한 주민참여 활성화 방안을 근거 이론으로 분석함으로써 질적연구 분야의 지식을 축적하였다. 둘째, 실무적으로는 제시된 연구모형을 적용하여 실제로 행정집행 과정에서 주민참여를 독려하는 데 활용할 수 있을 것이다.

Keyword: 공동가치창출, 근거이론, 주민참여, 감천문화마을재생사업

1 동아대학교 경영정보학과 교수
2 동아대학교 전임연구원

Ⅰ. 서 론

기업에서는 경영혁신을 위해 고객, 유통업자, 공급자 등 모든 이해관계자들이 함께 협력하여 새로운 가치를 창출하는 공동가치창출(Co-creation)에 주목하고 있다. 최근에는 Co-creation이 기업의 가치창출을 위한 새로운 패러다임으로, 경영분야를 넘어 정치, 행정, 문화, 경제 등 사회 전반적인 분야에서 활용되고 있다. 공동가치창출(Co-creation)과 유사한 개념으로 공공분야에서는 거버넌스가 있다. 주로 사회 및 행정 분야에서 적용되고 있는 거버넌스는 공공기관에서 시민들의 의견이나 요구를 파악하기 위해서 주민공청회 및 시민위원회 등의 형태로 정부정책에 대한 적극적인 참여와 협력을 강조하고 있다. 위키피디아에서는 거버넌스를 다음과 같이 정의하고 있다. “Governance is the act of governing. It relates to decisions that define expectations, grant power, or verify performance. It consists of either a separate process or part of decision-making or leadership processes. In modern nation-states, these processes and systems are typically administered by a government.”(위키피디아, 2013). 즉, 거버넌스에서는 그동안 사회문제를 해결하는 과정에서 공공기관이 주체가 되어 수직적인 정책결정을 하던 것에서 벗어나 시민의 적극적 참여와 역할이 강조된다.

공동의 목표달성을 위한 협력을 기본전제로 하는 Co-creation은 사회의 폭넓은 구성원들에게 긍정적인 변화와 가치를 주는 것을 추구하고 있기 때문에 거버넌스보다 넓은 개념이다. Co-creation은 단순하게 주민의 의견을 청취하는 소극적인 주민참여가 아니라 지역문제 해결을 위해 지역주민, 전문가, 지역 기관, 단체, 학교 등 다양한 이해관계자들이 정책집행의 전체 과정에서 모두가 주체가 되어 참여하고 협력하여 새로운 가치를 창출하는 것이다. 지역주민은 지역의 문제를 가장 잘 알고 있는 당사자이기에 지역문제 해결을 위해 이들의 역할은 매우 중요하다.

지역주민의 적극적인 참여로 지역의 사회문제를 성공으로 이끈 사례 중의 하나가 바로 감천문화마을 재생사업이다. 이 마을 거주민들은 공공기관의 지원을 받아 문화예술인들과 함께 마을 개발사업을 시작하여 산복도로 문화마을 조성이라는 목표를 성공적으로 달성하였다. 지역주민, 공공기관, 전문가, 문화예술인 등 다양한 주체들이 참여한 한국의 감천문화마을 사례는 추진과정, 방향설정, 시민참여 방법 등에서 많은 시사점을 제공해주고 있다. 따라서 본 연구에서는 감천문화마을 사례를 바탕으로 지역주민의 참여를 더욱 확대할 수 있는 주민참여 활성화 모형을 개발하고자 한다. 이를 위해 먼저 감천문화마을에 직접 거주하고 있는 지역주민들과 관련 정책을 집행하는 공공기관의 공무원, 전문가 등을 대상으로 심층면접을 통해 수집된 질적자료들을 근거이론(Grounded Theory)으로 분석한다. 이러한 분석결과를 바탕으로 마을재생사업에 참여를 하게 된 동기 및 경험, 참여를 저해하는 요인 등 주민참여를 활성화하는 데 필요한 다양한 요인들을 도출한다.

논문의 구성은 다음과 같다. 2장에서는 Co-creation과 주민참여, 근거이론, 감천문화마을에 대해 기술하였고, 3장에서는 연구절차와 국내 신문기사 및 주민, 공무원, 전문가와의 심층면접으로 수집된 자료를 근거이론으로 분석한 내용을 기술하였다. 4장에서는 근거이론으로 분석된 내용으로 3단계 코딩과정을 거쳐 패러다임 모형을 도출한 결과를 제시하였고, 5장은 결론으로 연구의 요약 및 시사점, 공헌도와 한계점을 기술하였다.

Ⅱ. 선행연구

1. Co-creation과 주민참여

Co-creation은 주로 경영분야에서 활용되는 개념으로 기업의 생산활동에 소비자가 참여하여 기업과 고객 모두 협력하여 공동으로 가치를 창출한다는 것을 의미한다(Shaw et. al., 2006). Co-creation을 처음 제시한 Prahalad and Ramaswamy (2004)는 소비자들이 더 이상 기업에서 제공하는 것만으로 만족하지 않기 때문에 기업 내부에서 고객가치를 창출하는 것에서 벗어나 소비자가 원하는 가치를 소비자와 함께 만들어가는 Co-creation이 필요하다고 주장하였다. Duncan and Majority(2006)는 Co-creation을 소비자와 기업이 직접 접하는 지점에서 상호작용을 극대화시키기 위해 기업의 특정 활동에 소비자를 참여시켜 기업과 고객이 공동으로 가치를 창출하는 것으로 정의하고, 기업의 활동에 소비자가 적극적으로 참여하여 공동으로 가치를 창출하는 것이 중요하다고 주장하였다. 이와 같이 Co-creation은 가치사슬의 한 분야에서만의 단편적이고 일회적인 협력이 아닌 가치사슬 전체에서의 협력을 추구한다.

공공 및 행정 분야에서 주민참여와 관련된 개념으로 거버넌스가 있다. 거버넌스는 기존의 국가 및 전문가 중심의 하향식 행정체제에서 탈피하여 시대적 흐름에 따라 사회를 구성하는 다양한 주체들이 참여하여 사회문제를 공동으로 해결하는 것을 의미한다(김형양, 2006). 이러한 거버넌스는 경제, 복지, 교육, 환경, 도시문제 등 다양한 분야에서 활용되고 있으며, 지역의 공동목표를 달성하는 데 지역주민의 참여를 활용한다는 점에서 Co-creation과 유사하다. 하지만 거버넌스는 정책 결정 및 집행과정에서 지역주민이 주체가 되지는 않으며, 공공기관에서 정책추진 과정 중 일부분에서 주민들의 의견을 수렴하여 정책에 반영하기 때문에 Co-creation과는 차이가 있다.

2. 근거이론

근거이론은 주로 특정상황에 관련된 실제 현상의 추상적이고 분석적인 체계로서 이론을 창출하거나 발견하는 데 활용될 수 있다. 이는 체계적으로 수집되고 분석된 자료를 토대로 이론을 발전시키는 방법이기에 연구자는 실제 연구현장을 중심으로 끊임없는 자료의 수집과 분석을 병행해야 한다. 따라서 기존의 이론 또는 연구자가 정립한 이론과 현장에서 수집된 자료들을 지속적으로 비교·분석하여 최종적으로 모형을 도출한다. 근거이론은 연구 대상자와의 면담, 현장관찰, 문서분석, 비디오분석, 현장노트 등 다양한 방법을 통해 자료를 수집하는 측면에서는 다른 질적연구방법과 유사하다.

근거이론의 접근방법으로 Strauss and Corbin(1998)은 먼저 연구주제의 탐색, 연구질문 결정, 현장자료 수집, 해석 및 분석, 이론 개발의 다섯가지 단계를 제시하였다. 해석 및 분석과정에서는 개방코딩, 축코딩, 선택코딩, 매트릭스 개발 등의 표준적인 형식을 따르는 것이 일반적이다. 먼저 개방코딩(open coding)은 연구자가 정보를 구분하여 연구하고자 하는 현상에 대한 정보의 초기범주들을 형성한다. 축코딩(axial coding)에서는 개방코딩 이후 새로운 방식으로 자료를 모으고, 모은 자료를 다시 범주화하여 패러다임 모형이 제시된다. 선택코딩(selective coding)은 연구자가 하나의 이야기 줄거리를 확인하고 축코딩에 있는 범주들을 통합하는 단계이다. 즉, 범주들이 통합된 중심현상을 선택하는 과정으로 핵심 범주를 다른 범주에 체계적으로 연관시키고 그들의 관련성을 확인하고 통합하는 과정이다(남성진 외, 2011).

[그림 1]은 근거이론의 코딩과정을 나타내고 있다.

주민들의 참여로 마을을 개발하는 과정에서 주민들의 실제 경험과 인식, 개발에 따른 수용 등의 과정에서 감천마을 주민들이 느낀 복잡하고 숨겨진 사회적 현상을 확인하기 위해서는 근거이론이 적합하다.

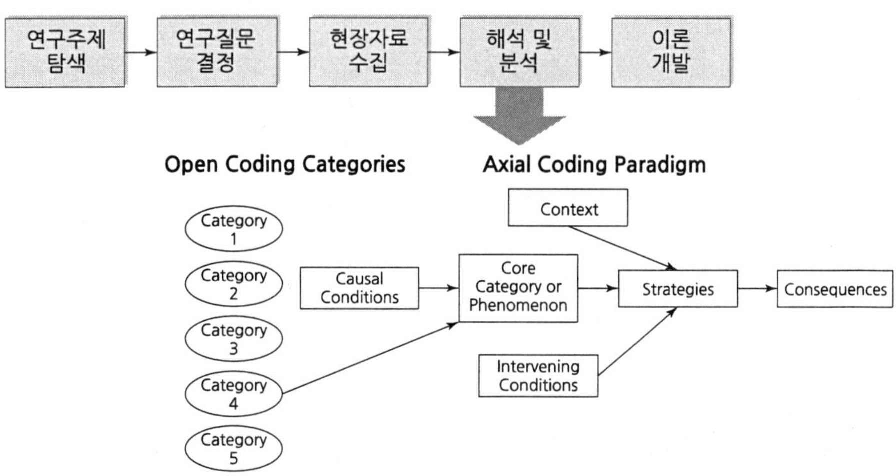

그림 1 근거이론의 코딩과정(Creswell, 2002)

3. 감천문화마을 재생사업

감천문화마을은 공공기관이 주도가 되어 낙후된 마을을 없애고 아파트 중심의 재건축에서 벗어나 마을의 있는 모습 그대로 주민들이 공공과 민간, 전문 예술인들과 함께 협력하여 낙후된 마을을 재생시킨 대표적인 사례이다.

(1) 감천문화마을의 현황 및 개발배경

감천문화마을은 한국 부산광역시 사하구 감천 2동에 속하며, 현재 거주하는 인구수는 4,429세대의 10,110명이다. 감천 2동의 주택유형은 단독주택이 3,889가구이며 공동주택은 682가구로 전체 면적이 0.62Km^{2}로서 사하구 전체의 1.6%에 해당한다. 이 지역의 공공시설로는 복지관 1, 경로당 13, 공부방 1, 작은도서관 1, 공영주차장 2개소가 있다(사하구정백서, 2012).

감천문화마을은 1955년 한국전쟁으로 인해 피난생활을 하던 피난민들이 집단으로 이주를 하여 판잣집 천여가구를 지어 '태극도 마을'이라는 별칭을 얻을 정도로 태극도 신앙인들이 많이 거주하여 왔다. 이 마을은 천마산과 옥녀봉 사이의 산비탈면에 앞집이 뒷집의 햇빛을 가리지 않도록 계단식으로 집을 지어 형성된 마을이기도 하다(김창수, 2012). 이 지역의 인구는 한 때 3만여 명에 이르렀지만 경제적, 사회적, 문화적으로 낙후되어 2012년에는 1만여 명 수준으로 인구가 감소하였고, 빈집이 300여 채가 넘을 정도로 마을 공동화가 진행되고 있었다(이명희, 2013). 그러던 중 부산시 사하구 감천 2동 일대를 배경으로 2009년 예술작가들과 지역주민이 함께 문화체육관광부가 주최하는 마을미술 프로젝트 공모사업에 응모하여 국비 1억원을 지원받아 지역 예술인과 주민이 공간조형 작품 10점을 설치한 것으로부터 문화마을사업의 첫발을 내딛게 되었다.

부산에서 가장 낙후된 지역으로 산복도로에 위치한 감천문화마을은 미로처럼 이루어진 골목길의 지역적 특성을 살려 예술적 공간으로 재생하여 주민들의 삶의 질을 향상시키고 문화·관광지역으로 개발되고 있다.

(2) 감천문화마을재생사업의 추진과정

감천문화마을재생사업의 추진과정은 다음과 같다. 감천문화마을재생사업은 2009년 6월 『아트팩토리 인 다대포』라는 예술문화단체가 마을미술 프로젝트 공모에 당선되어 감천동 일대를 『꿈꾸는 부산의 마추픽추』를 만들기 위한 공공미술 프로젝트를 추진하면서 문화예술인들에 의해 처음 시작되었다. 이후 마을의 변화를 보면서 지역주민들이 문화예술인들과 함께 참여하여 2010년 2월 감천동 문화마을운영협의회를 구성하였다. 지역주민과 문화예술인들은 함께 『미로미로 프로젝트』를 수행하여 주민이 떠난 빈집에 예술품을 채우고 골목길을 연결하였다. 미로미로 프로젝트는 2010년 문화관광부 공모 콘텐츠융합형 관광협력사업으로 테마가 있는 빈집, 골목길 재생의 사업내용을 가지고 사업비 230백만원을 들여 마을운영협의회에서 추진하였다.

2010년 5월에는 '하늘마루' 전시홍보관을 설치하여 희망근로사업비 7천만원을 들여 전망대 및 주민쉼터를 조성하였다. 또한 같은 시기에 동네문화마당 조성을 위해 주민쉼터 및 관광객과의 소통의 장을 조성하기도 하였다.

2010년 12월에는 행정안전부의 공모사업인 '자립형공동체사업'으로 사업비 86백만원을 지원받아 주민사업단이 참여하여 창작공예품을 직접 생산하여 판매하였다.

2011년 4월에는 부산시의 예산으로 서민생활개선사업인 『샛바람 신바람』 사업과 정화조 교체 및 노후불량주택 개선사업인 『방가방가 프로젝트』를 추진하였다. 이 프로젝트에는 사업비 321백만원을 투입하여 주민공동 이용시설인 공중화장실 2개소, 경로당 1개소를 건립하였다. 2011년 8월 사하구청에서는 창조기획단을 설립하여 감천문화마을사업을 전담하게 하였다. 창조기획단의 공무원이 감천마을 현장을 답사하면서 주민의 의견을 수렴하여 2011년도와 2012년도에 걸쳐 감천문화마을 커뮤니티센터와 향기 있는 커피숍을 조성하였다.

감천문화마을재생사업에서 주민의 참여는 2010년 2월 마을 소수의 주민 대표를 중심으로 문화예술전문가와 공무원이 참여하는 문화마을운영협의회가 결성되면서 시작되었다. 이후 이는 주민들의 적극적인 참여와 관심을 유도하기 위해 주민 누구나 참여 가능한 주민협의회로 확대 개편되었다. 주민협의회는 3개 분야로 나뉘어 있다. 첫째, 주민협의회의 마을기업사업단에서는 카페나 맛집 등을 운영하고, 주민들의 창조적 교육을 통해서 예술창작작품을 제작하고 아트숍에서 판매하여 경제적 이익을 창출한다. 둘째, 주민협의회 마을봉사단에서는 마을을 안내하는 활동을 하고 있다. 셋째, 주민협의회 홍보단에서는 마을주민의 생활 이야기와 문화마을 관련 소식을 전달하는 마을신문을 발행하고 홈페이지를 운영하는 등 홍보활동을 하고 있다.

Ⅲ. 연구방법

1. 연구절차

본 연구의 수행절차는 [그림 2]와 같다.

첫째, 감천문화마을재생사업과 관련된 신문기사, 논문 등의 문헌자료를 수집·조사한다.

둘째, 지역주민, 감천문화마을재생사업담당 공무원, 도시재생사업 관련 전문가와 심층면접을 실시한다.

셋째, Nvivo 10.0 프로그램을 활용하여 근거이론으로 분석한다.

넷째, 주민참여 활성화를 위한 패러다임 모형을 도출한다.

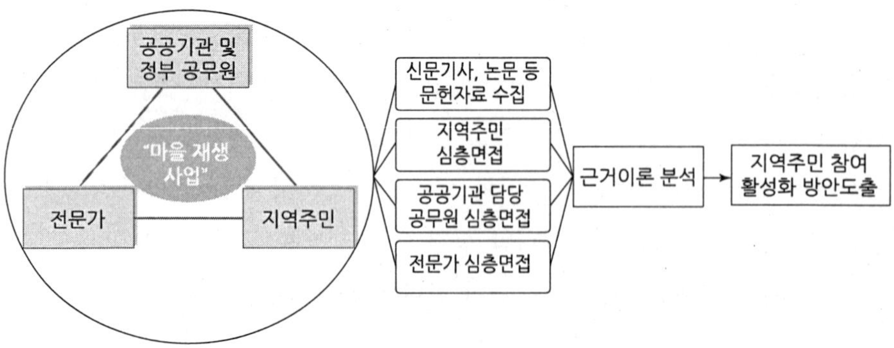

그림 2 연구절차

2. 자료수집 및 분석방법

감천문화마을재생사업 사례와 관련된 각종 신문기사와 마을주민, 공공기관의 공무원, 관련 전문가 등과의 심층면접 등 다양한 방법으로 자료를 수집하였다.

첫째, 신문기사 자료는 감천문화마을재생사업이 실시된 2009년 이후 포털사이트인 네이버 뉴스검색에서 "감천문화마을"과 "주민참여"의 키워드를 활용하여 검색된 한국의 9개 신문기사를 자료로 수집하였다.

둘째, 심층면접 자료는 감천문화마을 내에서 거주하고 있거나 일을 하고 있는 지역주민과 담당 공무원, 전문가들을 대상으로 심층면접을 통하여 수집하였다. 심층면접절차에 대해서는 아래 3절에서 자세히 설명된다.

수집된 자료는 Nvivo 10.0 프로그램으로 원자료를 입력하였고, 문장 및 단락분석을 활용하여 개방코딩, 축코딩, 선택코딩의 3단계 분석을 실시하였다.

3. 심층면접

심층면접을 위한 질문지는 지역주민, 공무원, 전문가 등의 3부류로 나누어 질문지를 구성하였다.

공통된 질문사항은 성별, 연령, 직업 등의 면접자의 일반적 특성과 주민참여 활성화 방안에 관한 질문, 참여동기, 참여정도, 기대효과 등을 포함하고 있다. 질문지는 반구조화된 형식(semi-structured interview)으로 면접참가자들이 자유롭게 이야기하도록 하였다. 〈표 1〉은 심층면접에 사용한 질문지 내용을 보여주고 있다.

표 1 심층면접 질문내용

분 류	내 용
조사대상자의 일반적 특성	성별, 연령, 직업, 감천문화마을재생사업에 대한 주민, 공무원, 전문가로서 하고 싶은 이야기 등의 일반적 사항
참여동기	참여에 대한 내재적·외재적 동기
참여저해 요인	마을재생사업에 대한 참여태도, 정책집행 과정에서의 저해요인
참여경험	참여경험(부정적 및 긍정적 경험 등)
사업에 대한 이해 및 필요성	사업 내용에 대한 이해 관련 내용, 사업의 필요성 관련 내용
참여정도	참여정도
기대효과 및 만족도	주민들의 인식, 생활, 환경 등의 변화에 대한 기대효과
한계점	마을재생사업에 대한 문제점
참여 활성화 방안	정책집행과정의 개선점, 주민참여 방법의 개선 등의 활성화 방안

심층면접은 연구자가 연구보조원과 함께 감천문화마을을 직접 방문하여 지역주민 7명, 공무원 1명, 전문가 2명을 대상으로 40~80분 내외로 진행하였다. 면접 내용은 참여자들의 동의를 구한 후에 녹음과 메모를 하였고, 녹취된 내용은 필사하여 사용하였다. 필사된 면담 내용은 Nvivo 10.0 프로그램을 활용하여 분석하였다. 〈표 2〉는 심층면접 참여자의 일반현황을 보여주고 있다.

표 2 심층면접 참여자

구분	참여자	연령대	성별	직업	면담시간	면담장소
지역주민	A	40대	여	우인카페 운영	80분	우인카페
지역주민	B	50대	남	봉사분과위원	70분	감내카페
지역주민	C	60대	남	홍보단장	70분	감내카페
지역주민	D	30대	여	감내어울터 직원	40분	감내어울터
지역주민	E	40대	남	감천문화마을 주민	40분	문화마을카페
지역주민	F	40대	남	감천문화마을 주민	40분	문화마을식당
지역주민	G	50대	여	감천문화마을 주민	50분	문화마을식당
공무원	H	40대	여	부산광역시 사하구청 창조도시기획단 계장	80분	사하구청 민원상담실
전문가	I	60대	남	마을활동 전문가	80분	문화마을카페
전문가	J	60대	남	사하구의원	60분	문화마을카페

Ⅳ. 연구분석 결과

질적연구는 Lincoin와 Guba(1985)가 제시한 사실적 가치(truth value), 적용성(applicability), 일관성(consistency), 중립성(neutrality)에 의해 연구의 신뢰성과 타당성이 평가된다. 사실적 가치와 적용성은 양적연구의 내적 타당도에 해당되며, 일관성은 신뢰도에 해당된다. 내적 타당도는 연구자가 면접참여자의 관점을 반영하여 진실하게 자료를 수집하고 누락이나 보충이 필요한지를 확인하는 것이며, 외적 타당도는 연구결과를 일반인이 공감하는지에 대한 확인 절차를 말한다(권중섭, 2013). 근거이론은 원자료가 지닌 의미에 반응하는 연구자의 주관적인 민감성이 연구의 질에 많은 영향을 미치며, 연구자의 개인적 특성, 통찰력, 전문적 경험, 문헌분석 경험 등에도 영향을 받는다. 홍현미라(2008)는 질적연구에서 연구의 엄격성을 확보하는 것이 양적연구에서 신뢰성과 타당성을 확보하는 과정이라고 하였고, 질적연구에서 사실적 가치, 적용성, 일관성, 중립성 등을 통해 연구의 엄격성을 확보할 수 있다고 하였다. Denzin(1978)의 연구에서는 신뢰도와 타당도를 높이기 위한 방법으로 삼각화(triangulation)기법을 제시하였다. 삼각화기법은 동일한 사회현상을 연구하기 위해 여러 자료원을 통합하는 방법으로, 다양한 자료를 활용하는 자료 삼각화와 여러 연구자를 활용하는 연구자 삼각화, 결과해석의 다중관점을 활용하는 이론의 삼각화, 문제해결을 위한 다중방법을 활용하는 방법론적 삼각화가 있다.

본 연구에서는 Lincoin와 Guba(1985)가 제시한 연구의 엄격성 확보와 Denzin(1978)이 제시한 삼각화 기법으로 신뢰도와 타당도를 확보하였다. 먼저 사실적 가치를 높이기 위해, 심층면접 참여자와의 신뢰관계를 형성하기 위해 심층면접 전에 사전 대화시간을 가지고 면접 종료 후에 사실 관련을 확인하는 과정을 거쳤다. 적용성을 높이기 위해서는 면접자료와 신문기사 등의 문헌자료를 비교하는 방법을 활용하였다. 일관성 확보를 위해 인터뷰 내용을 박사 2인이 함께 인터뷰 내용을 메모하였고 면담내용을 녹음하였다. 중립성 확보를 위해 연구자가 어떠한 선입견도 가지지 않고 실제의 상황을 진실된 시각에서 객관성 유지를 위해 노력하였다. 삼각화 방법을 이용한 신뢰도와 타당도 확보는 여러 자료에 대해 3명의 연구자가 참여하여 연구결과를 비교·분석하였고, 연구자가 분석한 결과를 체크하여 정보제공자에게 확인하여 분석사항을 다시 반영하는 연구자 삼각화 방법을 이용하였다.

1. 개방코딩

원자료에 대한 분석작업의 첫 번째 과정이 개방코딩이다(Strauss and Corbin, 1998). 개방코딩은 심층면접에서 얻은 녹음자료를 필사한 후 반복적으로 읽으면서 개념에 대해 통합하고 추상화하여 범주화하는 과정이다. 개방코딩을 하는 방법에는 행간분석방법과 문장/단락분석방법 및 문서자료 전체를 분석하는 방법 등이 있다(Strauss and Corbin, 1990; 주재훈, 2013).

본 연구에서는 문장/단락분석방법을 활용하여 Nvivo 10 프로그램에 텍스트 문서자료를 저장하고 저장된 문서자료에서 각 문장 및 단락을 선택하여 문장이나 단락에 적절한 Nodes를 생성하였다(Park, 2011). 생성된 Nodes들을 유사한 아이디어 단위로 묶어 나가면서 통합하고 범주화하여 하위범주를 만드는 과정을 반복하였다. 이러한 과정을 통해 개념을 도출하고 유사한 개념을 하위범주로, 하위범주를 다시 상위범주로 추상화(abstraction)하였다. 범주화 결과를 2명의 연구자가 비교하면서 수정해 나가는 과정을 거쳐 최종적으로 〈표 3〉과 같이 83개의 개념과 26개 하위범주, 15개의 상위범주를 도출하였다.

표 3

개 념	하위범주	상위범주
–블로그, 카페, SNS 등 인터넷에서 마을이 소개되었음 –작가들의 작품이 마을에 한 두개 만들어짐	초기 동기 및 관심 유발	초기 관심 유발
–환경 개선에 대한 기대	마을환경 개선에 대한 기대	마을재생사업에 대한 기대
–관광객 증가 등으로 인한 지역경제발전에 대한 기대	지역경제발전에 대한 기대	

개 념	하위범주	상위범주
–개인소득 증가에 대한 기대감 –마을에 대한 개인의 인식 변화에 대한 기대	개인적인 혜택의 기대	
–주민협의회, 주민자치단체 등 마을공동체에 소속하여 참여 –먹거리, 기념품 판매, 관광 안내 등의 참여	적극적 참여	주민참여
–관광객의 길안내 정도 –내 집앞 청소 정도	소극적 참여	
–참여하기 좋아하는 호기심 등의 성격 –참여에 대한 자부심 –나의 참여로 마을이 변화될 거라는 기대감	내재적 동기	참여동기
–주민들과의 사이가 좋아짐 –참여함으로써 이웃주민으로부터의 나의 평판이 좋아짐	외재적 동기	
–생계에 급급하여 참여할 시간이 없음 –일부 주민협의회에 소속된 주민들만 참여함 –마을재생사업에 대해 전혀 관심이 없음 –주민협의회에 가입하고 싶지만 회비가 부담되어 참여를 못함 –참여방법이 한정적임	개인적 미 참여 요인	미 참여요인
–감천마을 내에서도 특정지역에만 개발이 편중됨 –마을주민이 모르는 정부의 일방적 사업의 추진 –정부에서는 정해진 기간 내에 결과를 내야 하므로 보여주기 식으로 일을 함 –누구는 해주고 누구는 안 해주는 재정의 한계 –개발에 따른 주민 불편에 대한 무관심 –전담 행정인력의 부족	행정불만 요인	
–참여를 하니까 일이 원하는 방향으로 되는 것 같아 자부심 생김 –참여하니까 약간의 소득이 생김 –마을이미지가 변화되는 것을 느낌	긍정적 참여경험	참여 경험
–참여를 해도 개인적인 혜택이 별로 없음 –마을사람들한테 나서서 일한다고 욕만 먹어서 하기 싫음 –참여해도 마을에 변화가 없는 것 같아서 통장을 그만두었음 –주민들, 공무원, 전문가들과의 갈등이 있었음	부정적 참여경험	
–저소득층 밀집지역으로 공동화현상 –오래된 계단식 주택형태, 달동네, 미로식 골목길 –도시빈민촌	마을의 환경적 특성	마을의 환경적 특성
–50대 이상 노인인구들이 분포되어 있음 –평생 목수, 배달, 공장 등 하루벌어 생계유지(대다수가 저소득 주민, 국민기초생활수급자) –이 마을에서 나고 자란 사람	주민들의 인구학적 특성	주민들의 특성
–주변 환경이 개선이 되니까 기분이 좋아짐 –관광객이 증가하니 사람 사는 것 같이 활기가 있는 것 같음 –마을의 부정적 이미지가 상쇄됨	긍정적 평가	재생사업에 대한 주민평가

개 념	하위범주	상위범주
-관광객 증가로 사생활 침해 -소란스러움 -개발로 인한 공사먼지, 시끄러움 등을 민원제기함 -열악한 환경이 세상에 공개되어서 싫음	부정적 평가	
-개별적으로 관련 주민을 만나거나 주민협의회 회의 참여 등 주민들과의 소통방법을 다양화함 -사하구청에 감천문화마을 사업을 위한 전담부서를 설치하여 운영하고 있음 -시비, 국비를 배정받기 위한 공모전에 참여함 -사하구청장의 숙원사업으로 의지가 강함 -민원을 최소화하는 방향으로 추진하기 위해 건축, 환경 등 관련 다른 부서들과의 연계를 추진함 -주민들의 의견수렴을 위해 주민 정기회 등에 참석을 함	공공정부의 추진 역량	정부의 역량
-사업에 대해 주민들이 먼저 알 수 있도록 교육 및 홍보 -마을에 대해 잘 알고 있는 통장을 중심으로 사업에 대해 홍보 -현수막, 마을신문을 통해 사업관련 홍보 및 참여할 주민 모집 추진 -주민들을 대상으로 하는 매월 정기회의를 개최함 -아동, 노인 등 주민 대상 프로그램을 운영하여 교육 -참여하는 주민들에게 경제적 혜택이 제공됨을 알려줌	주민 대상 지속적인 교육 및 홍보	지속적인 교육 및 홍보 확산
-대중매체를 통한 교육 및 홍보(TV 방송 이후 관광객 증가) -벤치마킹하러 오는 사람들에게 자세하게 알려줌 -대학 등 연구기관의 방문객들에게 추진과정을 설명함 -SNS, 카페, 블로그 등 인터넷을 통해 감천마을이야기를 관광객들이 스스로 홍보하고 있음	대외적 홍보 확산	
-주민협의회 등의 마을공동체에 회원으로 가입하여 참여하도록 유도 -주민협의회 등의 마을공동체 가입은 회비를 납부하게 만들어 책임감 및 의무감을 부여하여 더욱 적극적 참여 유도 -마을공동체는 사업분과, 홍보분과, 봉사분과로 나누어져 주민들이 직접 분과별로 참여토록 함 -주민협의회 회원 주민들에게 기회를 우선 제공함으로써 자발적 참여 유도	마을공동체를 통한 자발적 참여 유도	참여 유도 전략의 실행
-마을카페, 관광지도 판매 등 수익사업을 주민들이 직접 운영할 수 있도록 하여 참여자에게 약간의 수익을 제공함 -주말 방문객 안내요원 등의 간단한 일자리는 참여 주민을 우선적으로 채용함 -마을 노인들에게 목공예를 배우도록 하여 1주일에 3번 3시간 정도 일하고 이십만원 정도를 제공함	경제적 혜택의 제공으로 참여유도	
-공무원은 마을주민들에게 신뢰감을 줄 수 있도록 인간적인 유대관계 강화에 노력함	이해관계자들 간의 네트워크 강화	네트워크 강화

개 념	하위범주	상위범주
-공무원, 전문가들이 주민들과의 의사소통 강화를 위해 정기회의, 세미나 등에 참석하여 주민들과 지속적으로 만남 -SNS, 카페, 블로그, 감천문화마을홈페이지 등 IT 기술을 활용한 의견이나 아이디어를 모집함 -주민들의 동아리, 취미생활 등을 함께 함		
-도로, 주차문제 등 공공적인 기반시설을 위한 재정 지원 -주민들 개개인의 집 도배나 장판, 화장실 수리 등 실질적으로 경제적 혜택이 될 수 있는 지원 -주민 및 관광객들의 쉼터 및 마을정화조 확대 등 전체적인 마을 환경 개선사업 추진을 위한 지원	재정 지원 확대	정부지원 확대
-열악하고 지저분했던 마을이 훨씬 깨끗해졌음 -흉물스럽게 방치되었던 빈집이 예쁜 공공쉼터나 문화공간으로 변화됨 -도로가 넓어지고 주차장 등 공공기반시설이 생겼음	마을 환경 개선	지역주민이 살기 좋은 마을 조성
-관광객 증가로 마을주민이 분식집 등을 운영할 수 있게 되어 돈벌이가 가능해졌음 -새로 생긴 마을갤러리나 어울터가 생김으로써 그곳에서 일을 할 수 있게 되었음	경제적 혜택 증가	
-마을 모습의 아름다움을 스스로 인식함 -문화마을 거주에 대한 자부심이 생김	주민의 인식변화	

2. 축코딩 및 패러다임 모형

개방코딩과정을 통해 범주화하고 범주화된 자료를 다시 조합하여 패러다임 모형을 구축하는 축코딩을 실시하였다. 축코딩은 각 범주의 속성(property)과 차원(dimension)을 나타내는 것으로 인과적 조건, 중심현상, 맥락적 조건, 중재적 조건, 작용/상호작용전략, 결과를 포함하고 있다(주재훈 외, 2013).

중심현상(central phenomena)은 "주민참여"이며, 중심현상에 대한 인과적 조건(causal conditions)은 감천문화마을재생사업에 지역주민이 참여하는 중심현상이 발생하게 되는 원인이나 조건을 설명해준다. 지역주민들은 초기에 블로그, 카페, SNS 등 인터넷에서 감천이 소개되고 작가들의 작품이 마을에 한두개가 만들어지는 것을 보게 되면서 초기관심이 유발되었다. 이러한 초기관심으로 마을재생사업이 시작되면 마을이 변화되고 지역경제가 발전될 것이며, 지역경제가 발전이 되면 자연히 개인적인 혜택으로 돌아올 것이라는 초기의 기대감으로 참여를 결정하게 된다.

맥락적 조건(context conditions)은 주민들이 마을재생사업에 참여하는 데 영향을 미치는 상황이나 문제를 생성하는 특수한 조건으로 참여동기, 미 참여요인, 참여경험 등이 해당된다. 원래 참여하기를 좋아하거나 자랑하기 위해 참여하는 내재적 동기와 참여로 인해 주민들과 사이가 좋아지고, 자신의 평판이 좋아지는 것을 보고 참여를 하는 외재적 동기가 있다. 둘째, 미 참여요인으로는 생계에 급급하여 마을재생사업에 관심이 없거나 참여할 시간이 없는 개인적인 요인과 정부의 일방적 태도나 주민이 모르는 사업추진 등의 행정불만에 대한 요인이 있다. 셋째, 마을재생사업에 참여한 경험은 주민으로 참여하니까 기분이 좋아지는 긍정적 참여경험과 참여를 해도 혜택이 별로 없다든지, 참여를 해도 마을이 변화되지 않는 등의 부정적 시각들이 중심현상인 주민참여에 영향을 미친다.

중재적 조건(intervening conditions)은 중심현상인 주민참여에 더욱 광범위하게 영향을 미칠 수 있는 작용/상호작용 전략을 촉진하거나 방해하는 조건을 의미한다. 산복도로, 좁은 미로식 골목길, 오래된 무허가의 계단식 주택, 달동네 등 감천문화마을의 환경적 특성과 저소득 주민의 밀집, 대다수가 노인 인구 등과 같은 주민 특성에 따라 상호작용 전략이 상이하다. 또한 마을재생사업에 대해 주민들 스스로가 느꼈던 그동안의 부정적인 마을의 이미지가 좋아지고 주변환경이 개선되었다는 긍정적 평가를 하는 주민과, 시끄럽고 소란스럽다고 민원을 제기하는 부정적 평가를 하는 주민과는 다른 전략이 추진되어야 한다. 아울러 공공정부의 사업추진에 있어서 주민들과의 소통방법이나 전략, 국비를 지원받기 위한 공모전 참여 노력, 전담부서를 조직하는 등 정부의 역량에 따라 작용/상호작용전략이 다르게 추진될 수 있다.

작용/상호작용(actions/interactions)전략은 중심현상인 마을사업에 주민참여를 조절(accommodation), 수행(performance), 반응(reaction)하는 데 활용되는 전략으로 의도적이거나 구체적인 실제 행동을 나타낸다. 여기에는 지속적인 교육 및 홍보, 참여유도 전략의 실행, 네트워크 강화, 정부지원의 확대 등이 해당된다.

예를 들어 마을주민을 대상으로 감천문화마을재생사업에 대해서 1회적 교육이나 홍보가 아닌 지속적으로 실시하는 교육 및 홍보가 중요하며, 정부의 지원을 확대하여 주민이 원하는 마을환경개선이 추진될 수 있도록 지원하는 것이 필요하다. 이와 더불어 주민참여를 유도하기 위한 전략으로 주민협의회 등의 마을공동체에 회원으로 가입하게 하여 자발적 주민참여를 유도하거나 주민협의회 회원에게 간단한 일자리 등을 우선적으로 배정하는 방법을 활용하고 있었다. 특히 공무원, 전문가, 주민 등과의 네트워크 강화를 위한 방법으로 공무원, 전문가들이 주민협의회 정기회의에 함께 참여하고, 직접 참여가 어려운 주민이나 관광객들의 의견수렴에 SNS, 카페, 블로그, 감천문화마을 홈페이지 등 IT기술을 활용한 의견수렴 및 아이디어 모집도 일부 시행되고 있었다.

결과(consequences)는 중심현상인 주민참여에 대해 작용/상호작용전략에 따라 최종적으로 나타나는 현상이다. 중심현상인 주민참여에 대한 작용/상호작용의 결과로서 지역주민이 원하고 지역주민이 더 살기 좋은 마을을 조성할 수 있게 된다. 예를 들어 기존에 지저분하고 열악했던 마을이 깨끗해지고, 흉물스럽게 방치되었던 빈집이 쉼터나 공용 주차장으로 만들어지는 등 마을환경이 개선되었다. 또한 마을노인들이 목공예 작품을 만들어 이익금을 받거나 방문객의 증가로 마을 내에 새로운 일자리가 창출되어 마을주민들에게 직접적인 경제적 혜택이 돌아갈 수 있다. 무엇보다 중요한 결과로서 감천문화마을에 거주하고 있다는 자부심과 자긍심 등이 생겨나고 이에 따라 마을에 대한 주민의 인식이 긍정적으로 변화됨으로써 지역주민이 살기 좋은 마을이 된다는 것이다.

[그림 3]에서는 축코딩의 결과로 주민참여 활성화를 위한 패러다임 모형을 나타내고 있으며, 〈표 4〉는 패러다임 모형의 구성요소에 포함된 각 범주와 하위범주를 보여주고 있다.

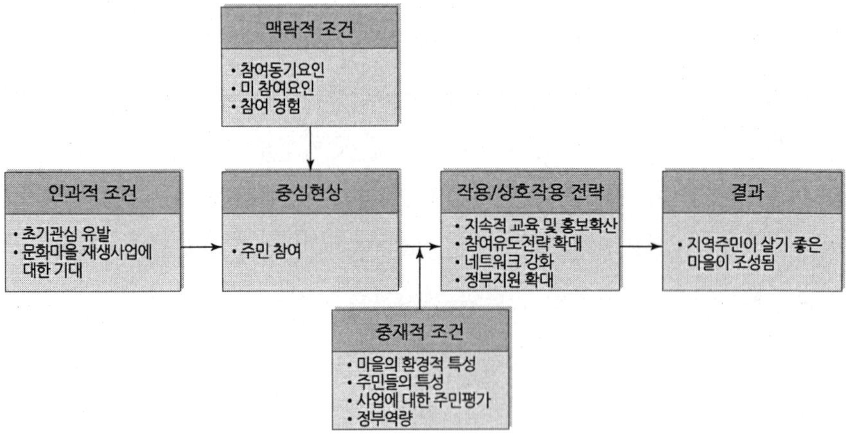

그림 3 주민참여 활성화를 위한 패러다임 모형

표 4 주민참여에 대한 패러다임

패러다임	범 주	하위범주
인과적 조건	초기 관심 유발	초기 동기 유발 및 관심 발생
	마을재생사업에 대한 기대	마을 환경개선에 대한 기대, 지역경제 발전에 대한 기대, 개인적인 혜택의 기대
중심현상	주민참여	적극적 참여, 소극적 참여
맥락적 조건	참여동기	내재적 동기, 외재적 동기
	미 참여요인	개인적 미참여 요인, 행정불만 요인
	참여경험	긍정적 참여경험, 부정적 참여경험
중재적 조건	마을의 환경적 특성	마을의 환경적 특성
	주민들의 특성	주민들의 인구학적 특성
	재생사업에 대한 주민평가	긍정적 견해, 부정적 견해
	정부의 역량	공공정부의 추진역량
작용·상호 작용 전략	지속적인 교육 및 홍보 확산	주민 대상 지속적인 교육 및 홍보, 대외적 홍보 확산
	참여유도전략 확대	마을공동체를 통한 자발적 참여유도, 경제적 혜택의 제공으로 참여유도
	네트워크 강화	이해관계자들 간의 네트워크 강화
	정부지원 확대	재정지원 확대
결과	지역주민이 살기 좋은 마을 조성	마을환경 개선
		경제적 혜택 증가
		주민의 인식 변화

3. 선택코딩

범주들을 통합하는 축코딩 단계에서 도출한 패러다임 모형에 따라 감천문화마을재생사업에서 주민참여를 활성화하기 위한 전체적인 이야기 줄거리를 확인하고 중심현상에 영향을 미치는 요인들을 밝히는 선택코딩을 하였다.

감천문화마을재생사업에서 지역주민참여의 필요성은 증가하고 있다. 이는 지역주민은 지역을 살아가고 있는 마을의 주인이기 때문이다. 마을재생사업에서 주민참여를 활성화하기 위한 요인을 살펴보면 먼저 주민참여의 동기요인은 참여를 좋아하는 성격이나 자랑을 위한 내재적 동기와 참여를 하게 됨으로써 경제적 혜택이나 주민들과 사이가 좋아지는 등의 외재적 동기가 작용하고 있었다. 따라서 내재적·외재적 주민참여 동기를 강화할 수 있는 방안이 필요하다. 둘째, 미 참여요인으로 크게 개인적 미 참여요인과 행정불만에 대한 요인으로 나타났다. 개인적 미 참여요인은 생계에 급급하여 참여할 시간이 없거나 마을일에 관심을 두지 않는 주민들이다. 이러한 주민들에게는 마을재생사업에 참여해야 한다는 생각이 들 수 있도록 노력을 기울일 필요가 있으며, 시간적 여유가 없는 주민을 위해 웹사이트 및 SNS 등의 IT 기술을 활용한 다양한 참여방법을 제공하는 것도 필요하다. 또한 정부의 일방적인 사업추진, 마을에서도 특정지역에만 치중되어 느끼는 소외감, 재정의 한계로 인해 일부 주민에게만 혜택이 돌아가는 등의 행정불만 요인을 해소하는 방안을 마련하여야 한다. 셋째, 마을재생사업에 참여경험이 있는 사람들은 참여에 대한 긍정적 참여경험과 부정적 참여경험을 이야기하고 있었다. 따라서 긍정적 참여경험을 증가시키고 부정적 참여경험을 감소시키는 노력이 필요하다.

주민참여를 유도할 수 있는 방안으로 지역주민을 대상으로 하는 지속적인 교육 및 홍보, 다양한 참여유도 전략의 실행, 이해관계자들과의 네트워크 강화, 정부지원의 확대가 필요하다.

주민참여의 결과는 많은 주민이 참여할수록 지역주민이 원하고 바라는 지역주민이 더 살기 좋은 마을이 조성된다는 것이다. 지역은 방문객이나 관광객들이 살아가는 곳이 아니라 지역주민이 살아가는 터전이기 때문에 지역주민이 원하는 마을을 조성하는 것이 무엇보다 중요하다.

Ⅴ. 결론 및 시사점

본 연구에서는 감천문화마을재생사업과 관련된 신문기사와 지역주민, 공무원, 전문가들을 대상으로 심층면접을 실시하여 주민참여를 활성화하기 위한 패러다임 모형을 도출하였다. 3단계 코딩 결과를 요약하면 〈표 5〉와 같다.

표 5 3단계 코딩 결과

구 분	패러다임	범 주
개방코딩	개념	83개의 개념 도출
	하위범주	26개 하위범주 도출
	상위범주	15개 상위범주 도출
축코딩	인과적 조건	초기 관심 유발, 마을재생사업에 대한 기대
	중심현상	주민참여
	맥락적 조건	참여동기, 미 참여요인, 참여경험
	중재적 조건	마을의 환경적 특성, 주민들의 특성, 재생사업에 대한 주민평가, 정부의 역량
	작용·상호작용 전략	지속적인 교육 및 홍보 확산, 참여유도전략 실행, 네트워크 강화, 정부지원 확대
	결과	지역주민이 살기 좋은 마을 조성
선택코딩	주민참여 요인	참여동기의 강화, 미 참여요인의 해소, 긍정적 참여경험 강화, 부정적 참여경험 감소시킴
	주민참여 개선 방안	지속적인 교육 및 홍보, 참여유도 전략의 다양화, IT기술을 활용한 네트워크 강화, 재정지원 확대
	주민참여 결과	지역주민이 살기 좋은 마을 조성

이와같은 연구결과를 바탕으로 지역주민 참여를 활성화하기 위한 방안을 다음과 같이 제시한다.

첫째, 지역주민이 마을재생사업의 주체로서 스스로 인식할 수 있도록 해야 한다. 감천문화마을재생사업은 처음 몇몇 예술인들에 의해 시작되어 점차 마을주민협의회로 넓혀지고, 공공기관과 전문가들의 참여로 현재까지 이르고 있다. 하지만 정작 대다수의 지역주민들은 마을재생사업이 어떻게 이루어지고 있는지 잘 모르고 있거나 무관심한 경우가 많이 있었다. 또한 마을이 개발되고 발전되는 등 활기차고 좋다는 긍정적 평가를 하는 주민도 있었지만, 개발에 따른 소음, 먼지, 사생활 침해 등의 부정적 평가를 하는 주민들도 많이 있었다. 이러한 부정적 평가를 하는 주민들은 민원을 제기하는 등 문제를 유발하고 있다. 마을에서 일어나는 일에 대해서 대다수의 지역주민들이 '우리마을의 일'로서 내가 주인이며, 마을의 주체라는 인식을 스스로 할 수 있을 때 개발에 대한 부정적 평가를 최소화할 수 있을 것이다.

둘째, 지역주민을 참여시킬 수 있는 다양한 전략으로 이해관계자들과의 네트워크를 강화할 필요가 있다. 심층면접을 통해 나타난 지역주민들의 생각은 마을재생의 필요성에 대한 인식은 높은데도 불구하고 가시적이고 직접적으로 경험할 수 있는 참여기회가 부족하며 마을일에 어떻게 참여하는지를 모르는 경우가 많았다. 또한 마을일에 참여하기 위해서는 주민협의회 등과 같은 마을공동체에 가입하기 위하여 회비를 납부하고 정식회원으로 등록이 되어 정기적인 회의에 참석을 해야 하기 때문에 시간적 여유가 없거나 회비납부에 어려움이 있는 주민들은 참여를 하고 싶어도 참여를 할 수 없게 되어 있었다. 따라서 주민협의회의 정기회의, 세미나, 반상회 등의 직접적인 만남으로 의사소통을 강화하는 것도 중요하지만 홈페이지, SNS 등 각종 IT 기기 및 기술을 기반으로 하여 새로운 의견이나 아이디어를 수렴할 필요가 있다.

셋째, 지속적인 교육 및 홍보를 통하여 지역주민들의 참여 동기를 강화하고 참여하지 않는 주민들의 미 참여요인들을 해소할 수 있는 방안을 마련해야 한다. 마을에서 일어나는 일을 어느 주민은 잘 알고 있고 어느 주민은 잘 모르고 있을 때 모르고 있는 주민은 소외감을 느끼게 된다. 또한 공공기관에서는 일정한 시간 내에 결과를 보여야 하는 밀어붙이기식의 행정으로 인해 공공기관의 일방적 추진이라는 오해를 사고 있다. 이처럼 소외감과 개발에 따른 부정적 견해,

공공기관의 일방적인 추진태도는 주민참여를 저해하는 요인이 된다. 따라서 모든 지역주민이 사업의 진행에 대해서 알 수 있도록 적극적이고 지속적인 교육 및 홍보가 필요하다.

넷째, 지역주민의 경제적 가치를 창출할 수 있도록 해야 한다. 처음 마을이야기가 블로그, SNS 등에서 소개되고 마을에 예술작품이 한 개씩 생기면서 초기 관심이 유발되자 개인적인 혜택이 증가할 것이라는 기대가 생기게 된다. 이는 다시 마을일의 참여로 이어지고 참여를 함으로써 약간의 수익이 창출될 수 있었다. 또한 세상의 관심이 집중되고 홍보가 확산되자 정부의 지원이 확대되고, 이러한 과정에서 필요로 하는 일자리가 생겨났다. 이와 같이 지역주민의 경제적 혜택의 증가는 중요한 참여요인이 된다. 지역주민들에게 경제적 혜택을 제공하기 위해서는 수익을 창출할 수 있는 다양한 사업이 필요하다. 특히 관광객들을 상대로 수익을 창출하기 위해서는 마을의 모습만을 보여주는 관광사업만으로는 부족하다. 지속적인 관광객 증가와 이를 통한 수익사업이 가능하게 하는 방안으로 스토리텔링을 이용한 문화콘텐츠를 개발하는 것이 필요하다. 예를 들면 감천마을은 어렵고 힘들었던 피난민 시절, 산복도로 달동네의 모습 등의 지역자원을 가지고 있다. 이를 활용한 스토리텔링이 있는 관광지로서의 변화를 시도할 수 있다. 더불어 IT 기술과 접목한 감천문화마을 관련 디지털 콘텐츠 개발 등을 위한 시민참여 콘텐츠 아이디어 공모, 관광객들이 참여하고 경험한 내용을 반영하는 체험 공모전, SNS를 통한 문화마을 스토리텔링 참여 경험의 정보공유 등으로 확대시킬 수 있다.

다섯째, 지역주민뿐만 아니라 공공기관, 전문가, 관광객 등 모든 참여자들이 함께 새로운 가치를 창출할 수 있도록 해야 한다. 감천문화마을재생사업에서 지역주민은 마을에 대한 인식의 변화, 경제적 혜택의 증가 등으로 가치를 창출하고 지역행정을 담당하는 정부는 지역주민이 원하는 행정으로 민원이 감소하고 행정 실적의 향상이라는 가치를 창출하고 있다. 또한 문화예술인들은 그들의 작품을 전시하고 이를 계기로 마을전체가 변화되는 계기를 마련했다는 자부심이라는 가치를 창출하고 있으며, 감천을 방문하는 관광객들은 아름다운 마을 모습을 관광객 자신들이 SNS, 카페 등을 통해 자랑하고 경험한 내용을 알리고 있다. 이처럼 지역주민, 전문가, 예술인, 공무원, 관광객, 감천문화마을에 관심이 있는 전국민이 어떻게 참여하고 협력할지를 고민하고 더 좋은 방향으로 함께 협력할 때 한정적인 재정을 효율적으로 활용할 수 있게 되어 새로운 가치를 창출할 수 있을 것이다.

지역사회는 모든 조직과 사람, 기업, 학교 등 생활 전반에 걸쳐서 상호간의 유기적인 관계를 맺고 있다. 이들은 지역을 구성하는 하나의 공동체로서 공동의 문제를 해결하기 위해 수평적인 관계에서 협력하여 각각의 이해관계자들이 지금보다 더 나은 새로운 가치를 창출하는 것이 중요하다. 감천문화마을재생사업에서도 지역주민과 예술가, 지방정부, 도시재생 전문가 등 다양한 이해관계자들이 함께 협력하여 마을재생사업을 성공으로 이끌었다. 이처럼 지역발전을 위한 마을재생사업에서는 주민의 적극적인 참여도 중요하지만 지역과 관련이 있는 모든 이해관계자들의 참여에 대한 가치의 공유와 참여적 분위기의 보편화를 통한 참여문화가 사회적으로 정착될 수 있도록 해야 한다. 이를 위해 이해관계자들이 제시하는 참신한 아이디어를 검토하고 수용하는 문화와 이해관계자들의 참여를 활성화하는 각종 프로그램이 개발되어야 한다. 또한 이해관계자들의 적극적인 참여가 새로운 가치를 창출할 수 있도록 참여에서 제시된 사항을 정책에 반영하는 정책적 지원도 이루어져야 할 것이다.

본 연구의 기여도는 다음과 같다. 첫째 학문적으로 Co-creation을 위한 주민참여 활성화 방안을 근거 이론으로 분석함으로써 질적연구분야의 지식을 축적하였고, 둘째 실무적으로는 행정분야에서 본 연구모형을 적용하여 실제로 행정집행 과정에서 주민참여를 독려하는 데 활용할 수 있을 것이다.

본 연구의 한계점으로는 일반적으로 질적연구가 가지고 있는 한계점인 연구결과의 일반화에 관한 문제점을 가질 수 있으므로 향후 주민참여 활성화 관련 실증연구가 필요하다.

참고문헌

- Busan Saha-Gu, 2010-2011 구정백서, 2012.
- Creswell, John W., *Educational Research*, New Jersey: Merrill Prentice Hall, 2002.
- Denzin, N. K., "The logic of naturalistic inquiry," In: N. K. Denzin(Ed.), *Sociological Methods: A Sourcebook*, New York: McGraw-Hill, 1978.
- Duncan, T. and Majority, S., "How Integrated Marketing Communication's 'Touch Point' Can Operationalize the Service-Dominant Logic?" In: Vargo, S. L., Lusch, R. F.(Eds.), *The Service-Dominant Logic of Marketing: Dialog, Debate and Directions*, M. E. Sharpe, Armonk, New York, pp. 236-249, 2006.
- Hong, Hyun-Mee-Ra, "A Study on the Types of Developing Resources Using the Social Networks within a Community: Applying Social Capital," *Korean Journal of Social Welfare*, Vol. 58, No. 4, pp. 65-92, 2006.
- Joo, Jae-Hun, Kim, Lyun-Hwa, "Strategies of Diffusing Smart Grids for Low-carbon Green Growth: Grounded Theory Approach," *The Journal of Information Systems*, Vol. 22, No. 1, pp. 223-246, 2013.
- Kim, Chang-Soo, "The Strategies for Creating Urban Village – Focusing on the Renaissance Case of Gamcheon Culture Village in Busan Metropolitan City," *Journal of The Korean Association for Comparative Government*, Vol. 16, No. 1, pp. 221-246, 2012.
- Kim, Hyung Yang, "A Study on the Influential Factor of the Formation of Local Governance," *Journal of The Korean Association for Local Government Studies*, Vol. 10, No. 1, pp. 181-203, 2006.
- Kwon, Chung Sub, "A Study on the Structure of Conflicts on Rural Village Joint Project Using Grounded Theory," Ph. D. Thesis, Graduate School of Kyungpook National University, 2012.

- Lee, Myung Hee, "For the people by the people Creative Community Gamcheon Cultural Village," *Regions & Development*, Vol. 11, pp. 89-91, 2013.
- Lincoin, Y. S., Guba, E. G., *Naturalistic Inquiry*, Beverly Hills, CA: Sage Publications, Inc., 1985.
- Nam, Sung-Jin, Choi, Jung-Ho, Lee, Jae-Mo, "A Study on Resident Participation in Community Work through Grounded Theory," *Journal of Community Welfare*, Vol. 39, pp. 101-128, 2011.
- Park, Jong-Won, "Quality Data Analysis NVIVO 9 Application," Hyungseul Publishing Networks, 2011.
- Prahalad, C. and Ramaswamy, V., "Co-creation Experiences: The Next Practice in Value Creation," *Journal of Interactive Marketing*, Vol. 18, No. 3, pp. 5-14, 2004.
- Shaw, D., Newholm, T. and Dickinson, R., "Consumption as Voting: An Exploration of Consumer Empowerment," *European Journal of Marketing*, Vol. 40, Issue 9/10, pp. 1049-1067, 2006.
- Strauss, A., and Corbin, J., *Basics of Qualitative Research: Grounded Theory Procedures and Techniques*, Newbury Park, CA: Sage Publications, 1990.
- Strauss, A., and Corbin, J., *Basics of Qualitative Research: Techniques and Procedures for Developing Grounded Theory*, Second Edition, London: Sage Publication, 1998.
- Wikipedia, Search: 2013. 10. 12., http://www.wikipedia.org/

지방정부 공공사업에 관한 일간지 미디어자료의 시계열 코퍼스분석: 기장 해수담수화플랜트사업을 중심으로

이태헌[1] · 홍순구[2] · 정하영[3]

국문요약

공공사업에는 다양한 이해관계자(stakeholder)가 관여한다. 이해관계자는 직 · 간접적으로 이해관계를 가지고 영향을 주고받는 사람으로 공공사업의 경우 시민을 비롯한 미디어, 관련기업 및 정부 등이 이에 해당된다. 공공사업의 영향을 받게 되는 중요한 이해관계자인 시민은 미디어를 통해서 공공사업에 관한 내용을 공유하고, 새롭게 생성되는 정보를 전파하며, 어느 이해관계에 속한 주장을 전달하는 등 사회적인 논의절차를 거치게 된다. 이와 같은 미디어를 통한 여론형성(opinion building)에서 내용편집과정을 살펴보는 것은 사회적인 토론이 어떻게 일어나고 있는지를 파악해본다는 점에서 의미가 있다. 그러나 하나의 공공사업에 대해 이해관계자들이 생산해내는 비정형 데이터의 양은 방대하기 때문에 이에 대한 분석방법이 필요하다.

본 연구는 이해관계자간의 인식차이를 객관화하기 위하여 시계열로 핵심어를 추출하는 과정을 통해 대립이나 갈등을 해소하기 위한 단서를 제공할 수 있는 자동화

이 논문은 2015년 대한민국 교육부와 한국연구재단의 지원을 받아 수행된 연구임(NRF-2015S1A3A2046781)

1 동아대학교 산학협력단 전임연구원(napsem@gmail.com) 제1저자

2 동아대학교 경영정보학과 교수(shong@dau.ac.kr) 교신저자

3 동아대학교 경영문제연구소 공동연구원(jhayeong@gmail.com) 공동저자

된 텍스트분석 방법론을 구축하는 것을 목적으로 한다. 이를 위해 현재 논쟁이 진행되고 있는 해수담수화 플랜트사업에 관한 거시적인 관점에서 문제인식의 차이를 이해하기 위해 지역 2개 신문사와 중앙 3개 신문사의 기사를 수집하여 시계열 코퍼스(corpus) 분석을 실시하였다. 분석결과 해수담수화 논의에 있어서 미디어간 인식의 차이가 존재하는 것을 알 수 있었다. 본 연구는 코퍼스 분석에 있어서 한글자연어처리 기술과 TFIDF분석을 통한 핵심단어의 추출을 통해 자동적인 텍스트분석 시스템을 구축하기 위한 토대가 된다는 점에서 학문적인 기여를 하고 있다.

Keyword: 지역혁신, 해수담수화플랜트, 코퍼스 분석, 텍스트 마이닝, 공동가치창출

Ⅰ. 연구의 배경 및 목적

공공사업에는 다양한 이해관계자(stakeholder)가 관여한다. 이해관계자는 직·간접적으로 이해관계를 가지고 영향을 주고받는 사람을 가리키는 넓은 의미로 해석되며, 공공사업의 경우 일반시민이 이에 해당된다. 실제로 시민은 미디어를 통해서 공공사업에 관한 내용을 공유하고, 새롭게 생성되는 정보를 전파하며, 어느 이해관계에 속한 주장을 전달하는 등 사회적인 의견수렴 역할을 담당하고 있다.

본 연구는 이러한 미디어를 통한 다수의 인식전달 과정을 거시적인 토론이라는 관점으로 보았다. 각기 다른 입장을 가지고 있는 다양한 이해관계자들 사이에는 문제인식의 차이, 정보의 양과 질의 차이, 사실관계를 해석하는 방법의 차이가 존재한다. 예를 들면 수자원 부족 문제에 대해 생활용수 및 산업용수가 부족하므로 보충해야 한다는 인식을 가지는 집단이 있는 반면, 용수 공급에 전혀 문제가 발생하지 않을 것이라는 전망을 가진 집단이 존재한다. 이러한 문제인식의 차이는 정보의 양과 질의 차이 및 정보에 대한 해석의 차이에서 발생한다. 정보의 정확성에 대한 질적 차이와 정보량의 차이는 논점에 대한 대화가 활발히 일어나게 되면 쉽게 합의점을 도출할 수 있다. 그러나 이해관계자의 해석의 차이는 이해관계자의 입장이라는 범위 안에서 이루어지므로 쉽게 좁혀지지

않는다. 이러한 해석의 차이는 상대방의 입장에 얼마만큼 다가갈 수 있는가에 따라서 합의점에 도달할 수 있다.

지금까지는 공공사업과 같은 사회적인 합의가 필요한 사안에 대해서 전문위원회를 통해 전문가의 검토를 거치거나 주민대표의 참가를 통한 미시적인 토의 절차를 거쳐 사회적 합의의 근거를 마련해 왔다. 하지만 거시적인 담화를 분석할 수 있는 기술이 발전하게 된다면 이를 토대로 사회적 합의의 근거를 더욱 객관적으로 도출할 수 있을 것이다.

거시적인 토론에서 상반된 견해를 가진 집단들이 상대방의 입장으로 다가가기 위해서는 해결되어야 할 문제가 여러 가지 있지만, 그중에서 중요한 하나는 입장 차이가 있더라도 공통된 하나의 주제 혹은 핵심어를 가지고 대화를 진행하는 노력이다. 하지만 논쟁이 심화되는 공공사업의 경우에는 대부분 이해관계자 입장에서 가까운 주제(핵심어)를 중심으로 토론이 일어나게 되므로 합의점 도출에 접근하지 못하고 제자리걸음을 하게 된다.

미시적인 토론 과정에서는 주고받는 대화를 통해 이러한 차이를 수정해가는 과정과 상대방의 입장이 수정되었음을 확인해가는 인식과정이 존재한다. 또한 담화를 통해 하나의 주제에서 다음 주제로 진행되어 가는 과정을 우리는 회의기록상의 맥락이 있는 서술형태문장을 읽으면서 파악이 가능하다. 그러나 거시적인 토론에서는 방대한 양의 비정형 데이터로부터 각기 분산된 이해관계자의 핵심어를 추출하는 것이 어려우며, 미시적 토론에서 가능한 맥락에 따른 핵심어의 진행과정을 파악하는 일이 쉽지 않다.

거시적인 토론을 통해 이해당사자간 의견을 좁혀가기 위해서는 각기 다른 입장에서 다른 주제(핵심어)를 중심으로 발생하는 문제해석의 차이를 좁히는 과정은 반드시 필요하다. 따라서 자동화된 텍스트 분석을 통해 이해관계자의 핵심어를 추출해내는 분석방법에 대한 연구가 요구된다.

본 연구는 이해관계자간의 인식차이를 객관화하기 위하여 시계열로 핵심어를 추출하는 과정을 통해 대립이나 갈등을 해소할 수 있는 단서를 제공할 수 있는 자동화된 텍스트분석 방법론을 구축하는 것을 목적으로 한다.

분석대상으로 이해관계자 간 첨예하게 대립하고 있는 "부산 해수담수화플랜트사업"을 선정하였다. 해수담수화 플랜트사업은 물 부족 문제를 해결하기 위해 바닷물을 담수화하는 혁신적인 기술이나 해수담수화 플랜트가 고리원전에 가까운 기장에 건설됨으로써 해당 주민의 반대여론이 확산되고 있다. 이러한 해수담수화 플랜트사업에 관한 거시적인 토론에서 문제인식의 차이를 이해하기 위해 지역 2개 신문사와 중앙 3개 신문사의 기사를 수집하였다. 각 신문사의 해수담수화 플랜트 건설에 대한 비정형 텍스트 데이터로부터 기계적인 분석방법을 통해 인식과 의견을 단순화하여 나타내는 핵심어를 추출하는 코퍼스(corpus) 분석을 실시하였다.

논리적인 논증방법은 인과관계에 의한 연역적인 논증과 사례의 축적에 의한 귀납적인 논증 두 가지로 이루어진다. 이중에서 귀납적인 논증은 샘플링과 조사표를 통한 설문조사, 전화조사 등의 방법을 주로 사용하고 있다. 이러한 기존의 조사 및 분석방법은 다수의 데이터를 획득하기 위한 시간과 노력이 많이 들고 분석에 있어서도 조사표 회수, 타이핑, 코딩 등의 여러 가지 전 처리절차를 거쳐야 하는 어려움이 있다. 이러한 기존의 조사 및 분석 방법이 예를 들어 조사자가 일일이 셀 수 있고 처리할 수 있는 단위의 조사데이터를 토대로 분석을 실시한다고 가정했을 때 본 연구에서 제시하는 코퍼스 분석 방법론은 데이터가 존재한다는 전제하에서 사람이 셀 수 없는 데이터의 양이 되어도 분석이 가능하다. 이러한 압도적인 양의 데이터를 통한 논증은 많은 이해관계자가 참여하는 거시적인 토론에서는 사회적 합의의 근거를 마련하기 위한 장치로 유용하게 사용될 수 있다.

Ⅱ. 이론적 배경 및 선행연구

1. 오피니언 마이닝

본 연구에서는 공공사업에 관한 거시적 토론의 분석을 위해 코퍼스 분석방법론을 제시하고 있다. Jeong et al.(2008)의 연구를 통해서, 다수가 참여하는 토론의 내용과 구조를 객관적으로 분석하기 위해서 TFIDF(Term Frequency - Inverse Document Frequency), T-VSM(Term-based Vector Space Machine) 및 MDS(Multi-Dimensional Scaling)를 포함한 코퍼스기반의 담화분석방법론이 제시되어왔다. Jeong et al.(2008)의 연구에서는 코퍼스 분석방법론을 적용하여 소규모 회의의 토론내용을 분석하였다. 공공사업의 사회적 적절성을 판단하기 위한 방법으로 주로 사업주체간의 회의, 주민협의회 회의, NGO단체와 지역행정과의 회의 등 작은 규모의 토론내용을 계량화하는 연구를 진행하였다.

본 연구에서는 좀 더 넓은 범위라 할 수 있는 공공사업에 대한 거시적인 사회적 담화를 분석하기 위한 연구로 확장하였다. 이를 위해 사회적 담화에 영향을 끼치는 요인으로 미디어 간 인식의 불일치 정도를 분석하고 시간에 따른 변화를 파악하는 방법을 통해 거시적인 담화의 일부분을 포착하고자 하였다. 이와 같은 연구는 빅데이터 분석을 통한 오피니언 마이닝 분야에서 주로 다루어지고 있다. 최근의 연구동향에서 오피니언 마이닝은 단순히 상품이나 서비스의 품질에 대한 대중의 의견을 분석하는 것뿐만 아니라, 거시적으로 다루어져야 할 사회적인 사건 및 현안에 대한 논쟁에 대해서까지 비정형텍스트 분석기법을 통해 분석, 종합하고 있다. 본 연구는 이러한 오피니언 마이닝의 맥락에서 대중의 의견을 형성하는 데 영향을 주는 원인요소로서의 미디어간의 인식차이와 시간에 따른 핵심인식의 변화를 분석하고자 하였다.

오피니언 마이닝에 대한 연구는 불특정 다수의 분산된 의견으로 이루어진 비정형 데이터로부터 평판분석을 통한 마케팅 분야의 적용에서 활발히 진행되어 왔으며(서지훈, 2014), 뉴스 컨텐츠 분석을 통해 주가예측의 중요정보로 활용하는 지능형투자 의사결정 모형에 관한 연구(김동영, 2014), 뉴스 투자주식의 가격지수를 이용한 미래예측(Kim et al, 2013), 온라인 쇼핑몰 상품평 검색효율을 높이기 위한 연구(Yang, 2009; Yune, 2010), 트위터 데이터를 이용하여 국내대학의 인식 및 선호도 분석(양민혁 외 3, 2014), 2012년 한국대선에 관한 분석(배정환 외 2, 2013) 등의 연구가 진행되고 있다.

대량의 비정형텍스트 데이터를 전제로 하는 텍스트 마이닝 기법은 크게 데이터 수집기술과 자연어 처리기술을 토대로 이루어진다. 비정형데이터는 문자 그대로 고정된 필드에 저장되어 있지 않고, 온오프라인 상의 분산된 장소에 각기 다양한 형태로 존재하는 정형화되지 않은 데이터를 뜻한다. 이러한 비정형데이터를 분석하기 위해서는 수집하는 방법에 대한 기술이 중요하며 데이터 수집기술은 웹 크롤링(Web Scraping)과 같은 연구주제에서 다루어지고 있다. 본 연구는 이미 수집된 데이터에 대한 분석방법인 자연어 처리기술을 바탕으로 진행되었다.

비정형 텍스트데이터의 분석을 위해서는 형태소 분석이 요구되므로 형태소 분석에 대한 연구가 진행 중이다. 한글을 전 처리하기 위한 형태소 분석기는 "꼬꼬마 분석기", 자바 한국어 형태소 분석기 "KOMORAN" 등 다수 존재하고 있다. 본 연구에서는 명사와 조사 및 어간 어미를 구분하는 조금 더 세부적인 형태소별 주석달기를 실시하기 위하여 교토대 정보연구과에서 만들어진 오픈소스 형태소 분석기 MeCab를 자체적으로 수정한 한글형태소 분석기를 이용하였다.

수집된 텍스트 데이터의 경향을 파악하거나 데이터간의 관계를 가시화하여 해석가능한 정보로 구체화하는 방법으로 주로 빈도분석, 연관성분석, 군집분석 등을 사용하고 있다. 연관성분석은 수학의 그래프 이론에 뿌리를 두고 있으며, 소셜 네트워크 상에서 연결되는 구조 등을 바탕으로 사용자의 영향력을 측정하여, 중심이 되는 사용자나 키워드를 찾는 데 주로 활용된다. 군집분석은 비슷한 특성을 가진 개체에서 유사 특성의 군을 발견하는 데 사용된다. 본 연구에서는 담화의 핵심이 되는 단어를 추출하기 위한 방법으로 평균적인 문서에서 다수의 빈도로 출현하는 단어와 비교하여 핵심어를 추출하는 TFIDF(Term Frequency - Inverse Document Frequency)분석법을 사용하였다는 점에서 선행연구들과 텍스트 마이닝 방법론의 차이를 가지고 있다.

2. 해수담수화플랜트사업에 관한 선행연구

본 연구에서 대중의 의견을 파악하기 위한 주제로 다루고 있는 해수담수화

플랜트사업은 공학적인 기술을 바탕으로 하고 있으며, 기술적인 부분에 관한 논점은 실험을 통해 증명이 가능하므로 사회적인 논쟁이 생길 이유가 없는 사안이다. 하지만 해수담수화 시설을 지역에 유치하는 산업적인 주제가 되면서 사회적 이슈가 되고 있다.

수자원의 공급은 공공재의 공급이라는 인식에서 가격을 매겨 판매하여 이익을 내는 산업으로 인식의 전환이 이루어지고 있다고 볼 수 있다. 이러한 인식의 바탕에서 해수담수화 플랜트 시설을 지역에 유치하여 가동하기 위한 사업이 진행되고 있다고 보여진다. 이에 대한 증거로 해외시장을 겨냥하여 해수담수화 플랜트 기술의 해외진출을 전략적으로 고려하기 위한 목적으로 실시된 양정석, 김일환(2013)의 연구 및 해수담수화 플랜트의 산업화 전망에 대한 연구, 해수담수화 시설의 시장성장률을 바탕으로 역삼투압 방식에서 발생하는 농축수 문제를 해결하기 위한 효율화 측면을 부각하는 해수담수화플랜트 농축수의 자원화에 대한 연구(김승현, 2016), 역삼투압 방식을 기반으로 한 해수담수화 시설의 해외시장전망에 대한 연구(김인수 외, 2009) 등이 이루어지고 있다는 사실을 들 수 있다.

따라서 본 선행연구 검토에서는 해수담수화 시설의 기술적인 문제를 다루는 연구를 제외하고 해수담수화 플랜트 기술을 산업화하여 해외에 진출하기 위한 연구와 지역의 물 부족문제를 해결하기 위한 대안으로 접근하는 연구에 집중하였다.

양정석, 김일환(2013)의 연구는 해수담수화 플랜트 기술의 해외진출을 전략적으로 고려하기 위한 목적으로 해수담수화 플랜트의 시장 진출 유망 국가에 대한 분석을 실시하였다. 수요가 존재하는 11개국을 대상으로 델파이 기법을 이용한 가중치 적용을 통해 미국, 중국, 사우디 아라비아 순으로 유망국가지수를 도출하였으나 실제 해외진출은 어려울 것으로 판단하고 있다.

박희경, 박노석(1998)은 해수담수화의 국내 적용을 위한 타당성 검토를 실시하였다. 산업의 성장추세에 따라 공업용수 부족이 예상된다는 전망을 토대로 한다. 효율적인 물 관리를 위해서 댐과 광역상수도 건설방안이 이미 존재하지만 이를 보완할 대체 수자원이 필요하며, 가뭄대비 측면에서 수자원의 다변화가 요구되는 가운데 해수담수화 단위비용 산정을 통한 경제적 타당성 검토결과 해수담수화 도입방안을 적극 검토해야 된다고 결론짓고 있다.

해수담수화 시설의 표준모델 적용방안에 대한 연구(김충환 외, 2000)에서도 "인구증가와 공업화의 지속적인 증가"를 근거로 영·호남지역의 장래의 담수공급부족을 상정하고 있다. 이러한 배경을 토대로 동해의 A지역을 대상으로 역삼투압 방식의 해수담수화 기술을 도입하기 위한 표준모델의 처리량을 추산하는 연구를 진행하였으나, 결론에서는 "장래의 물 부족에 대비하여 대체 수자원으로 간주할 수는 있으나 기존에 계획된 담수자원의 개발보다 우선하거나 대등할 수는 없을 것"이라는 표현을 통해 2000년 당시의 기술로는 해수담수화 시설이 담수시설 확충에 비해 효용이 낮다는 점을 시사하고 있다.

해수담수화 플랜트의 산업화 전망에 대한 연구에서는 해수담수화 시설의 시장성장률을 바탕으로 역삼투압 방식에서 발생하는 농축수 문제를 해결하기 위한 효율화 측면을 부각하는 해수담수화플랜트 농축수의 자원화에 대한 연구(김승현, 2016), 역삼투압 방식을 기반으로 한 해수담수화 시설의 해외시장전망에 대한 연구(김인수 외, 2009)가 진행되었다. 이와 같이 산업화와 관련된 선행연구는 역삼투압방식을 적용 개선하는 것을 중심으로 연구가 진행되고 있으며, 기장군 역삼투압 방식 해수담수화 플랜트를 중심으로 한 해수담수화플랜트 시스템 설계 및 시공기술(우성우, 2012)에 관한 연구에서는 기장군의 역삼투압 플랜트를 중심으로 기술향상동향에 대한 연구를 진행하고 있다.

해수담수화 기술의 미래 시장성에 주목하여, 차세대 해수담수화 기술동향에 대해 설명하고 있는 이상호, 최준석, 황태문(2013)의 연구는 산업화 측면에서 다른 접근을 하고 있다. 현재 시장을 주도 중인 기술은 역삼투압 방식이지만, 역삼투압 방식과 증발 방식은 에너지 효율이 낮고, 해수농축수의 후처리 등의 단점들이 많으므로, 향후 10년을 내다볼 때 새로운 고효율의 기술이 대두될 가능성이 높으며, 미래 시장을 선점하기 위해서는 새로운 기술개발에 역량이 투자되어야 한다고 결론짓고 있다.

핵발전소 주변 주민의 건강과 삶의 질에 관한 한상진(2016)의 연구에서는 기장군 해수담수화시설에 관한 사례를 환경정의(environmental justice)라는 개념을 통해 분석하고 있는데, 몇 가지 사실을 통해 쟁점을 잘 부각하고 있다. 첫째, 수심 10~15m 바닷물을 끌어와 수돗물을 만들 계획이지만 11km 떨어진 지점에 고리 핵발전소가 위치해 있다는 점과 해수담수화 물에는 미네랄이 거의 없어 인공적인 화학시약으로 Ca, Mg, Fe 등을 첨가해야 하는 천연미네랄 물과 다름으로(이태호, 2015 재인용) 인하여 잠재적으로 주민들의 신체건강을 위협할 요소가 있다. 둘째, 두산중공업과 중앙정부, 지자체의 합작 프로젝트로 진행되는 과정에서 부산광역시가 건설계획수립 당시에는 식수 공급이 목적이 아니라는 이유로 주민공청회나 설명회를 열지 않았다. 셋째, 해수담수화 수돗물의 톤당 원가는 부산 일반 정수장의 941원보다 비싼 1,187원이며 상수도본부가 5년 후에 시설을 인수받게 되면 추가로 관리비가 발생될 것이다(부산일보사설, 2015년 12월 10일 재인용). 넷째, 부산시의 상수도시설의 생산능력은 2015년 기준 하루 209만 9천톤이지만 이용률은 절반 수준인 53.3%이다. 부산시의 식수공급량은 수요량을 초과하고 있으므로 불필요한 과잉생산이 발생한다. 위의 네 가지 쟁점으로 요약하고 있으며 반대주민들의 이해관계의 초점이 집값 하락, 생업피해와 같은 개인의 경제적 사안이 아니라 핵발전소 인근 바닷물에 대한 잠재적 위험에 대한 공포심과 미래세대의 지속가능성을 염려하는 지역사회 차원의 문제로 다루어지고 있다고 문제의 성격을 설명하고 있다.

3. 부산시 해수담수화 시설유치에 대한 쟁점

위와 같은 선행연구의 분석을 통해 부산시 해수담수화 시설유치에 관한 쟁점을 수자원부족의 문제, 해수담수화 시설의 위치상의 적합성 문제, 해수담수화 용수의 생활용수 적합성의 문제, 해수담수화 기술의 경제성 문제, 지역유치정책 결정과정의 절차상의 문제 등 다섯 가지 큰 쟁점으로 도출할 수 있다. 이 다섯 가지 쟁점에 대한 세부적인 설명을 추가하여 〈표 1〉에 나타내었다. 〈표 1〉의 긍정과 부정의 세부사항에 대한 근거는 선행연구 부분에서 인용과 주석을 통해 모

표 1 선행연구를 통한 부산시 해수담수화 시설유치에 대한 쟁점 정리

쟁 점	긍 정	부 정
수자원 부족에 관한 문제	–한국은 유엔이 선정한 물 부족 국가(정보의 차이) –산업용수 및 생활용수가 부족할 전망(해석의 차이) –인구증가와 지속적인 공업화(해석의 차이)	–한국은 유엔이 선정한 물 부족 국가는 잘못 전달된 정보(정보의 차이) –부산 경남권의 상수도 시설현황은 과잉공급 상황(정보의 차이) –인구감소와 제조업 해외이탈이 현재 추세(해석의 차이)
해수담수화 시설 위치상 문제	–고리원전에서 방출하는 용수에 기본적으로 방사능은 제거됨 (정보의 차이) –방사능 동위원소는 역삼투압방식을 통해 제거됨 (정보의 차이)	–원전용수에 방사능이 유출될 가능성이 존재함(정보의 차이) –방사성 동위원소인 삼중수소는 역삼투압방식을 통해 제거가 불가능함(정보의 차이)
생활용수 적합성의 문제	–생활용수 및 산업용수로 문제없이 공급가능함 (정보의 차이)	–역삼투압 방식을 거친 용수는 미네랄이 제거되므로 장기간 식수로 사용할 경우에 인체의 미네랄균형을 무너뜨릴 가능성이 존재함(정보의 차이)
기술의 경제성 문제	–용수공급이 부족해질 경우를 대비했을 경우 다양성의 확보가 경제적인 가치를 가짐(해석의 차이)	–단위생산가격이 기존의 상수도시설보다 비싸므로 경제적 합리성이 부족함(정보의 차이)
지역유치결정 과정의 절차상의 문제	–해수담수화 단위비용 산정을 통한 경제적 타당성 검토결과 해수담수화 도입방안을 적극 검토해야 된다. (해석의 차이)	–공공사업의 경우에 계획수립 전에 시민공청회 개최가 정당한 절차로서 지켜져야 하지만 당시에 식수공급목적이 아니라는 이유로 설명회 공청회를 가지지 않았음(해석의 차이) –현재는 식수로 공급할 계획으로 변경됨(해석의 차이)

자료: 필자 작성

두 제시되어 있다.

선행연구로부터 〈표 1〉과 같은 인식의 차이를 확인하는 것은 서술된 문장을 읽고 맥락을 이해함으로써 가능하다. 해수담수화플랜트 사업에 관한 선행연구의 질적인 분석으로 인식의 차이를 확인할 수 있는 것이다. 그리고 이러한 인식차이의 근거에는 정보의 차이, 해석의 차이(이해관계자의 입장의 차이)가 존재한다. 정보의 차이에 따른 인식의 불일치는 정확한 데이터가 있다면 쉽게 해소가능한 속성을 가지지만 모두가 납득 가능한 정확한 정보를 획득하기 어려운 문제가 존재한다. 해석의 차이에 따른 인식의 불일치는 각자가 속한 입장에서

의도적, 전략적인 발언의 속성을 가지게 됨으로써 합의점을 찾아가는 과정이 어렵다. 따라서 공적 토의를 분석하는 데 있어서 발생하는 인식차이가 정보의 차이에 기인하는 것인지 해석의 차이에 기인하는 것인지를 파악하는 것은 대단히 중요하다.

예를 들어 수자원 부족에 관한 인식의 차이는 "한국이 유엔이 정한 물 부족 국가"라는 정보를 통해 수자원이 부족하다는 인식을 가지게 된 경우, "한국이 유엔이 정한 물 부족 국가"라는 정보가 잘못 전달된 정보임을 서로 인지하게 되면 의견의 차이가 해소된다. 하지만 인구증가와 지속적인 공업화가 미래에 발생할 것이라는 입장에서 수자원 확충을 주장하는 쪽과 인구감소와 제조업이탈이 미래에 발생할 것이라는 입장에서 수자원 과잉을 주장하는 쪽의 의견은 미래에 대한 자신의 해석을 토대로 하고 있기 때문에 의견의 차이를 좁히기 어려운 쟁점이 된다. 하지만 상대방의 입장에 조금 더 접근하여 상반된 의견에 대한 근거를 서로 검토함으로써 합의점에 도달할 수 있는 가능성이 생긴다. 그리고 이러한 인식의 차이를 좁히기 위해 미시적인 회의석상에서는 대화와 토론을 실시한다.

미시적 토의에서와 같이 대화를 통해 맥락을 이해해 가는 방법이 불가능한 거시적 토의에서 상반된 입장의 주장이 정보의 차이에서 나타나는지 입장의 차이에서 나타나는지를 분류하기 위한 방법론과 더불어 하나의 공통된 핵심주제를 가지고 토론이 일어나고 있는지에 대한 분석이 필요하다. 텍스트를 정독하거나 상대의 의견을 경청하는 방법으로는 분석량의 한계점을 가지게 되고 담론의 일부를 세부적으로 다루게 될 가능성이 생긴다. 이와 같은 분석량의 한계점을 극복하기 위한 방법으로 코퍼스 분석기법을 사용하여 토의의 전체를 자동화하여 분석하기 위한 연구를 실시하였다.

Ⅲ. 형태소분석 및 TFIDF분석

1. 데이터 수집

"부산 해수담수화 플랜트사업"에 관한 거시적인 토의에서 각 미디어 특성에 따른 문제인식과 의견차이가 있는지를 파악하기 위하여 지방일간지 2개사와 중앙일간지 3개사를 선정하였다. 이후 "부산, 해수담수화" 키워드로 검색한 결과물을 월별로 분류하여, 기사제목, 본문, 작성자 등을 수집하였다(〈표 2〉 참조). 각 일간지 웹사이트의 검색결과에 나타나지 않은 수집상의 누락은 일부 존재할 수 있으며, 부산지역과 관련 없는 해수담수화에 관한 기사도 기술적인 문제의 쟁점을 다루고 있는 경우가 대부분이므로 수집대상에 포함하였다.

지역일간지는 평균 92건의 기사를 보도하였고, 중앙일간지는 평균 16건의 보도가 있었다. 미디어 3사의 경우 조사대상인 언론사 중 가장 빠른 10년 전인 1995년에 부산지역에 해수담수화 플랜트 시설이 요구될 가능성이 있다는 요지의 기사를 보도했으며, 다른 언론과는 달리 논란이 한창인 2016년에는 보도기사가 존재하지 않고, 2015년의 기사가 부산지역 해수담수화에 관한 마지막 보도였다.

표 2 신문 미디어 5개사 자료수집

분 류	성 격	시 기	데이터 수
미디어 1	지역일간지	2015년 9월~2016년 6월	92
미디어 2	지역일간지	2015년 7월~2016년 6월	92
미디어 3	중앙일간지	1995년 2월~2015년 12월	23
미디어 4	중앙일간지	2014년 12월~2016년 5월	14
미디어 5	중앙일간지	2009년 1월~2016년 3월	12

2. 형태소 분석

대량의 비정형텍스트 데이터를 전제로 하는 텍스트 마이닝 기법은 자연어 처리기술을 토대로 이루어진다. 비정형데이터는 고정된 필드에 저장되어 있지

그림 1 데이터 수집 및 분석순서

않고 분산된 장소에 각기 다양한 형태로 존재하는 정형화되지 않은 데이터이다. "부산, 해수담수화" 키워드로 검색한 233개의 지방일간지 및 중앙일간지의 보도기사로 이루어진 비정형텍스트 데이터의 문장으로부터 자연어 처리를 위한 형태소분석을 실시하였다. 형태소분석 과정은 현대한국어의 형태소 분석이 가능하도록 수정한 오픈소스 형태소분석기 MeCab를 사용한 어노테이션(annotation)을 통해 이루어졌다. 어노테이션은 텍스트 덩어리를 단어의 "명사", "조사", "형용사", "동사"와 같은 형태소별로 분해하여 각 형태소 단위로 주석을 다는 것을 의미한다.

이를 위해 언어, 사전 코퍼스에 의존하지 않는 범용적인 설계를 기본방침으로 제작된 MeCab에 현대한국어 텍스트를 형태소로 분석하여 형태소정보를 부여하기 위해 만들어진 분석사전인 HanDic을 이용하여 현대한글형태소 분석이 가능하도록 수정하였다. 본 연구에 사용된 형태소분석기의 결과 값은 명사의 경우 고유명사(이름, 도시 등), 의존명사, 보통명사, 조사의 경우 주격, 속격, 구격 등을 구분하고, 접두사, 접미사를 구분한 주석 달기를 통해 기계적인 분석이 가능한 메타텍스트 데이터로 변환되어 나타난다.

최초 수집한 233개의 일간 보도자료를 텍스트 파일로 저장하였다. 그 뒤 하루단위로 저장되어진 텍스트 자료를 월단위의 시계열로 분석하기 위하여 각 미디어별, 월별로 합쳐서 하나의 파일로 저장하였다. 그 결과 미디어 1의 경우 9개, 미디어 2 10개, 미디어 3 6개, 미디어 4 5개, 미디어 5 9개의 재구성한 텍스트 파일을 생성하였다. 즉, 233개의 일간 보도자료를 39개의 미디어별 월별 텍스트 덩어리로 재구성하였다. 결국 분석에 사용된 텍스트의 총량은 233개의 일간 보도자료의 문자수와 같다. 분석은 텍스트를 XML을 기초로 한 GDA(Global Document Annotation)파일 형태로 저장하여 두 번에 걸쳐서 진행하였다. 233개의 하루단위의 텍스트를 미디어별로 묶어서 5개의 텍스트 덩어리로 분석을 실시한 뒤, 시계열 분석을 위해여 39개의 월별 텍스트 덩어리로 나누어 분석을 실시하였다.

3. TFIDF분석

대용량 코퍼스의 자동화된 분석과정에서 핵심단어추출의 정확성을 높이기 위해 사용되는 TFIDF법(Salton and McGill, 1983)은 문서에서 단어수의 중요도를 판정하여 중요하다고 판정되는 언어만 분석의 요소로 사용하는 방법이다. 본 연구에서는 수집된 미디어 자료를 형태소 분석을 통해 전 처리한 GDA메타텍스트를 기초로 하여 각 미디어별로 중심인식(major opinion)에 가까운 단어를 추출하기 위해 TFIDF분석을 실시하였다.

$$\text{TFIDF } w,\ a = \text{TF } w,\ a \times \text{IDF } w \qquad (식\ 1)$$

$$\text{IDF } w = \log\ (N/\ \text{DF } w) + 1$$

TF w, a=Number of occurrences of term w in document a

DF w=Number of documents containing term w

N=Total number of documents

TFIDF w, a는 중요도의 총량을 나타내는 것으로, TFIDF스코어라고 불리며, "문서 a에 나타나는 단어 w의 빈도인 TF w, a"와 "비교대상이 되는 문서 중 w가 포함된 문서의 수 IDF w"를 곱하여 얻을 수 있다. TFIDF스코어가 높다는 것은 어떤 문서 a에서 단어 w가 중요한 의미를 가지는 것을 의미한다. 어떤 단어가 한 문서 안에서 자주 나타나면 높은 단어 빈도수를 가지지만, 그렇다고 이 단어가 반드시 중요한 것은 아니다. 해당 단어가 중요한지 아닌지는 다른 문서와의 비교를 통해서만 가능하다. 즉 비교문서의 빈도가 중요한 것이다. IDF w

의 값은 전체 문서값 DF w의 로그지수로 얼마나 많은 문서에 단어 w가 출현하는지를 나타내는 것이다. 예를 들어, 만약 단어 $w1$이 비교문서에서 적은 수로 나타나고, 분석문서에서는 많은 수로 나타난다면, $w1$의 IDF 값은 높고, TFIDF 스코어도 높아진다. 이와는 반대로, 어떤 단어 $w2$가 비교문서에서 많이 나타나지만, 분석문서에는 적게 나타난다면, 단어 $w2$의 IDF값은 낮아지고, TFIDF스코어 또한 낮아진다. (식 1)에서 나타내는 것처럼 IDF값과 TF값이 높으면 높을수록, TFIDF값이 높다. j 문서의 i 단어의 수를 예로 들면 TFIDF값이 높은 i 단어는 j 문서에서 중요한 단어이며, 담화의 핵심어라고 할 수 있다.

본 연구의 IDF(Inverse Document Frequency) 비교문헌 값으로는 카이스트가 제공하는 620건의 신문데이터를 이용하였다. 카이스트가 제공하는 IDF 샘플용 신문 데이터는 미디어의 토픽추출을 위해 작성된 샘플로 상투적인 언어를 토대로 하고 있다.

부산시 해수담수화플랜트사업에 관한 미디어 5개사의 메타데이터 TFIDF 분석결과는 〈표 3〉과 같다. 〈표 3〉의 결과로부터 데이터 샘플수가 많을수록 TFIDF값이 높게 나타나는 핵심어도 많이 추출된다는 사실을 알 수 있다. 일반적으로 문서수가 많아지면 단어수도 많아지는 것은 당연하나, 하나의 논점에 대해서 논의할 때, 이를 논하기 위해 사용하는 단어가 많다는 것은, 표현의 다양성뿐만 아니라 논점의 다양성이 존재할 가능성이 크다는 것을 의미한다. 즉, 서로 다른 관점과 인식이 표현되고 있을 가능성이 있다는 것을 의미한다. 예를 들어 미디어 1과 2는 미디어 3, 4, 5와 비교하여 더욱 다양한 관점과 인식을 가지고 있다고 해석할 수 있다.

각 미디어별로 중요한 인식 지표를 나타낸다고 할 수 있는 TFIDF 추출결과로부터 각 미디어가 중요하게 사용하는 단어가 무엇인지 알 수 있다. "해수"라

표 3 TFIDF 분석결과 개요

구 분	미디어 1	미디어 2	미디어 3	미디어 4	미디어 5
샘플 수	92	92	23	14	12
TFIDF추출단어	3204	3410	1359	813	1230

는 단어는 주제 자체인 단어이기 때문에 5사가 공통으로 가장 높은 TFDF값을 나타내고 있다. 미디어 1, 2, 4사에 두 번째로 나오는 "주민"이라는 단어는 해수담수화 플랜트사업과 관련된 가장 중요한 핵심단어이다. 미디어 1, 2, 4사는 해수담수화 플랜트사업에 있어서 "주민"이라는 단어를 가장 많이 사용하고 있다. 그러나 미디어 5사의 경우에 "해양", "공급"이라는 단어 다음에 "주민"은 네 번째로 나타났다. 미디어 3사의 경우에는 "상수도, 공급, 시설, 해양, 바닷물, 정수, 센터, 생산, 기술, 사업, 설비" 등의 용어 뒤에 13번째 단어로 "주민"이 나타나고 있다. 이러한 결과 값은 미디어 3사의 핵심단어 사용이 다른 미디어 4개사와 비교했을 때 상대적으로 다르게 나타나고 있다는 사실을 나타낸다. 미디어 1, 2, 4, 5사는 "원전", "방사", "방사능"이라는 단어가 핵심단어로 다루어지고 있다. 하지만 미디어 3사에서는 "방사"와 "방사능"은 상위 50개 단어 안에서 다루어지고 있지 않으며, "원전"이 43번째인 매우 낮은 TFIDF값으로 사용되었다.

이와 같이 핵심단어들의 분석결과들을 종합하면 언어사용의 경향이 드러나게 된다. 핵심단어를 통해 종합된 언어사용의 경향을 토대로 미디어 5개사의 인식의 차이라고 할 수 있는 다음과 같은 시사점을 도출해낼 수 있다. 지역일간지와 중앙일간지 간의 차이는 기사건수의 차이에서부터 현안으로서 중요하게 다루어지는 온도차이가 존재한다. 기사 내용의 분석을 통해 알 수 있는 문제인식의 차이 또한 뚜렷하다. 중앙일간지 3개사 간의 인식의 차이는 가장 뚜렷한 점이 논란의 인정 여부에서 드러나고 있다. 미디어 4사와 미디어 5사에서는 "반대", "대책위", "토론회", "철회", "검사" 등의 단어사용을 통해 반대의견이 존재하고 논란이 되는 이슈임을 인식하고 있지만, 미디어 3사는 이러한 의미를 내포하는 뉘앙스를 가진 단어를 한 번도 사용하지 않음으로써 부산의 해수담수화 사업에서 갈등이나 반대의견이 마치 존재하고 있지 않는 것과 같은 입장을 취하고 있다는 사실을 알 수 있다.

Ⅳ. 시계열 TFIDF분석

1. 시계열분석을 위한 단어의 의미단위화

앞선 데이터 전체의 TFIDF분석을 통해 알 수 있는 시사점을 토대로 지방 2개사와 중앙일간지 3대 신문사의 토픽의 변화를 파악하기 위하여 시계열 TFIDF분석을 실시하였다. 각 신문사가 해수담수화를 기사로 다루면서 중점적으로 사용하는 핵심어의 변화를 통해 내용전달의 방향성이 시간이 흐름에 따라 어떻게 변화해 가는지를 살펴보기 위한 분석이다. 5개 신문사별 핵심어의 시계열 변화의 차이를 살펴봄으로써 관점의 차이를 더욱 명확히 파악할 수 있으며, 이는 여론형성과정에 각 미디어가 어떻게 영향을 미치는지를 분석하기 위한 기초자료로 활용할 수 있다.

핵심어의 변화를 파악하는 지표로 사용하기 위하여 시계열로 추출된 단어들을 사용하는 데 있어서, 수백단위의 단어를 하나하나 개별적으로 분석하는 것은 시계열 분석에서 변화흐름을 보기 위한 분석으로는 용이하지 않으며, 결과에 대한 해석을 어렵게 한다. 따라서 단어의 의미단위(conceptual unit)로 추출단위의 군집화를 실시하여 시계열 분석을 실시하였다. 의미단위의 분류는 선행연구 분석과 전체자료의 TFIDF분석을 통해서 파악된 시사점들을 토대로 해수담수화 공장의 부산지역유치 및 상수도 공급이라는 정해진 맥락을 반영하여 나타내는 의미를 군집화하여 분류하였다.

표 4 단어의 의미단위(conceptual unit) 분류

구 분	개 념	단 어
의미단위 1	위험요소-원자력	원자력, 핵연료, 원전, 방사(능), 폐기물
의미단위 2	위험요소-질병	암, 발암, 유방암, 증후군, 질병, 스트레스, 발병률, 후유증, 발생률, 사산, 피로감, 악화, 유해, 치명적, 해악
의미단위 3	위험요소-기타	환경, 재난, 생명, 생태, 오염, 지진, 사고, 고장, 파괴, 노후, 위험, 밀집, 열악
의미단위 4	갈등요소	갈등, 규탄, 방해, 비난, 반발, 반대, 부적절, 핑계, 이기주의, 분노, 무책임, 과시, 무시, 불통, 허술, 비판, 불신, 거짓, 불만, 부정, 엉터리, 날림, 복잡, 희생, 슬픔, 위법, 과도, 분통, 맞불

〈표 4〉와 같이 크게는 위험요소와 갈등요소로 분류된 단어군에서, 위험요소를 3개 군으로 나누어 원자력에 대한 위험을 나타내는 의미단위, 질병에 대한 위험을 나타내는 의미단위, 기타 위험요소에 대한 의미단위로 세분화하였다. 또한 세분화된 의미단위를 의미단위 1, 2, 3, 4로 각각 분류하여 시계열 분석을 실시하기 위해서 각 단어의 시기별 다른 기사수와 단어수를 감안한 표준치를 정의하였다.

2. 시계열분석을 위한 단어의 표준치 정의

각 신문에서 추출된 단어수가 시기별로 각각 다르기 때문에, TFIDF값을 그대로 적용하여 시계열 분석을 할 수 없다. 따라서 본 분석을 실시하는 과정에서 TFIDF 값으로 정렬된 단어의 순위를 기준으로 표준치 z를 아래 식과 같이 정의하여 시계열 분석을 실시하였다.

$$z = 1 - \frac{r}{n} \quad \text{(식 2)}$$

z = 표준치, r = TFIDF순위, n = 해당 신문에서 추출된 단어의 수

표 5 단어별 z표준치(미디어 1의 코퍼스 예, 소수점 이하 3자리까지)

의미 단위 1	2015년 9월	2015년 10월	2015년 11월	2015년 12월	2016년 1월	2016년 2월	2016년 3월	2016년 4월	2016년 5월	2016년 6월
원자				0.069						
원자력					0.577	0.971		0.443	0.528	
핵연료							0.607	0.636		
원전	0.985		0.940	0.979	0.641	0.997	0.988	0.983	0.881	0.985
방사			0.630	0.971	0.923	0.977	0.567	0.576	0.959	
방사능			0.912	0.926	0.875	0.991	0.836			
폐기물				0.037	0.304	0.070			0.073	
z	0.985		0.828	0.596	0.664	0.801	0.75	0.660	0.610	0.985

3. 신문사별 코퍼스 변화 (z표준치의 시계열분석)

신문사별 코퍼스 변화를 z표준치의 시계열분석을 통해서 살펴볼 수 있다. 다만, 여론이나 사회적 현상에 민감하게 반응하는 신문이라는 미디어 데이터의 특성상, 신문사에 따라서 또는 특정시기에 따라서 당해분석과 관련된 코퍼스 데이터가 존재하지 않는 범위가 존재한다. 이러한 범위의 값을 예측하는 통계분석 방법의 하나로 회귀분석이 있다. 즉, 데이터의 추세를 계측하여 데이터가 존재하지 않는 범위를 예측하는 방법이다. 신문코퍼스는 데이터의 변동이 심하므로, 본 연구에서는 다항식 추세선을 이용하여 시간에 따른 코퍼스의 변화를 예측하였다.

〈그림 2〉는 미디어 1의 코퍼스 변화를 예측하기 위하여, z표준치의 다항추세선을 표기한 것이다. 의미단위 1(위험요소-원자력)의 경우는 오목형의 변화를 보인다. 즉, 시기를 초기, 중기, 말기로 나누어 보면, 초기에는 의미단위 1에 대해 많이 언급하다가, 중기로 갈수록 언급을 자제하고, 말기에서 다시 자주 언급하는 것을 알 수 있다. 또한, z표준치의 범위는 0.5와 1 사이로 다른 의미단위에

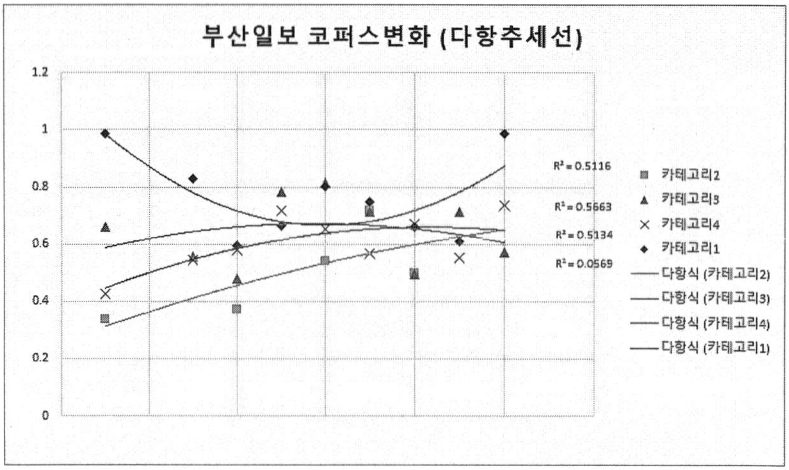

그림 2 미디어 1의 코퍼스 변화(다항추세선)

비하여 비교적 높은 값을 보인다. 여기서, 결정계수 R^2 값은 추세선의 예상 값이 실제 데이터와 일치하는 정도를 나타낸다. 0~1 사이의 값을 가지며, 1에 가까울수록 가장 안정적이며, 0.5 이상이면 정밀도가 높은 편이라 할 수 있다. 즉, 미디어 1 코퍼스의 논점이 다른 이슈와 비교하여, "원자력"에 중점을 두고 있으며, 언급의 정도에 변화는 있지만, 앞으로 더 많이 언급하는 방향으로 변화하고 있음을 알 수 있다. 또한, 의미단위 3(위험요소-기타), 의미단위 2(위험요소-질병), 의미단위 4(갈등요소)는 약한 볼록형의 변화를 보인다. 언급정도에 큰 변화는 없으나 일정정도 중요하게 다루고 있는 것으로 나타난다. 또한, z표준치의 범위를 기준으로 살펴보면, 0.3에서 0.6 사이의 범위 내에서 변화하고 있으며, 의미단위 3, 4, 2의 순으로 중요하게 다루고 있는 것을 알 수 있다.

미디어 1 코퍼스 변화를 기준으로, 나머지 4개 신문사와의 비교분석을 통하여, 신문사별 코퍼스의 시계열에 따른 변화차이를 살펴봄으로써 관점의 차이를 더욱 명확히 파악할 수 있으며, 이는 여론형성 과정에 각 미디어가 어떻게 영향을 미치는지를 분석하기 위한 기초자료로 활용할 수 있다.

〈그림 3〉은 미디어 3의 코퍼스 변화를 살펴보기 위하여, z표준치의 다항추

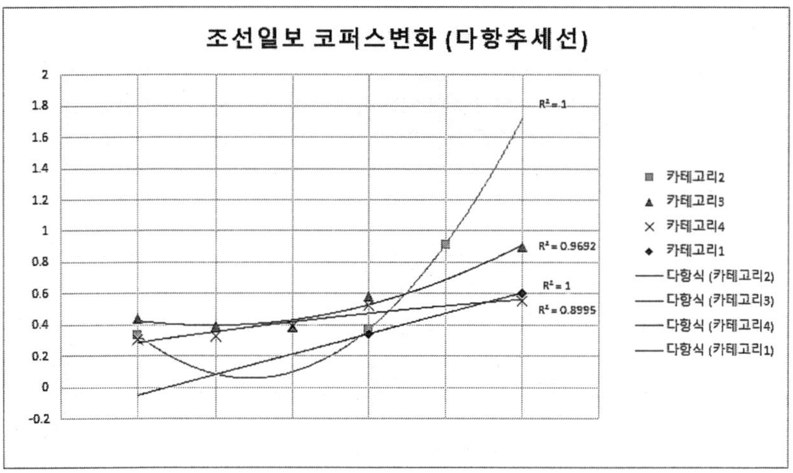

그림 3 미디어 3의 코퍼스 변화(다항추세선)

세선을 표기한 것이다. 의미단위 1(위험요소-원자력), 의미단위 3(위험요소-기타), 의미단위 4(갈등요소)의 경우는 직선상향의 변화를 보인다. 이는, 시간흐름에 따라 언급의 정도가 많아지고 있음을 나타낸다. 또한, z표준치의 범위를 살펴보면, 의미단위 2(위험요소-질병), 의미단위 3(위험요소-기타), 의미단위 4(갈등요소), 의미단위 1(위험요소-원자력)순으로 중요하게 다루고 있는 것을 알 수 있다. 특히, 의미단위 1(위험요소-원자력)에 대해서는 z표준치의 범위가 직선상향변화를 보이기는 하지만, 0와 0.5 사이로 다른 의미단위에 비하여 비교적 낮은 값을 보인다. 이는 미디어 3 코퍼스의 논점이 다른 이슈와 비교하여, "원자력"에 중점을 두지 않고 있음을 보여준다. 의미단위 2(위험요소-질병)의 경우, 오목형의 상향변화를 보인다. 즉, 시간흐름에 따라 언급의 정도에 큰 차이가 있으며, z표준치의 범위가 0에서 1.5 사이의 범위로, 미디어 3 코퍼스의 논점이 다른 이슈와 비교하여, "질병"에 중점을 두고 있음을 알 수 있다.

〈그림 4〉는 미디어 4의 코퍼스 변화를 면밀히 살펴보기 위하여, z표준치의 다항추세선을 표기한 것이다. 의미단위 1(위험요소-원자력)의 경우는 직선에 가까운 약한 볼록형의 변화를 보인다. 시간흐름에 따라 언급의 정도에 차이가 거

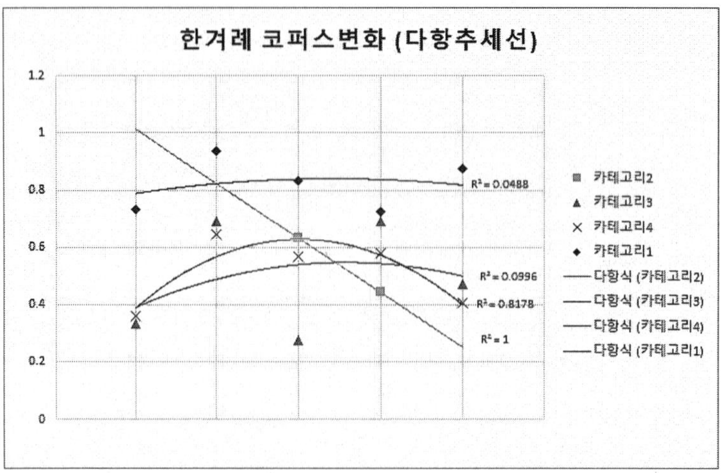

그림 4 미디어 4의 코퍼스 변화(다항추세선)

의 없음을 의미한다. 또한, z표준치의 범위는 0.8 정도로 다른 의미단위에 비하여 상당히 높은 값을 보인다. 즉, 미디어 4 코퍼스의 논점이 다른 이슈와 비교하여, "원자력"에 지속적으로 중점을 두고 논의하고 있음을 알 수 있다. 의미단위 3(위험요소-기타), 의미단위 4(갈등요소)는 비교적 강한 볼록형의 변화를 보여 언급정도에 차이가 있음을 보여주고 있다. 또한, z표준치의 범위는 0.4에서 0.6으로 의미단위 1(위험요소-원자력)에 비해서는 낮은 범위이긴 하지만, 꾸준히 중요하게 다루고 있음을 알 수 있다. 의미단위 2(위험요소-질병)에 대해서는 하향직선형으로, z표준치의 범위는 1에서 0.3으로 언급의 정도가 점점 떨어지고 있음을 알 수 있다.

〈그림 5〉는 미디어 5의 코퍼스 변화를 면밀히 살펴보기 위하여, z표준치의 다항추세선을 표기한 것이다. 의미단위 2(위험요소-질병), 의미단위 4(갈등요소)는 오목형의 변화를 보인다. 이는 시간흐름에 따라 언급의 정도에 차이가 있음을 나타낸다. 또한, z표준치의 범위는 0.3에서 1 사이로 시간에 따라 큰 변화를 보인다. 언급을 많이 하는 시점에 있어서 어떤 특정한 경제적, 정치적, 사회적 사건에 영향을 받은 것으로 추정된다. 언급을 많이 하는 시점이나 가장 적게 하는

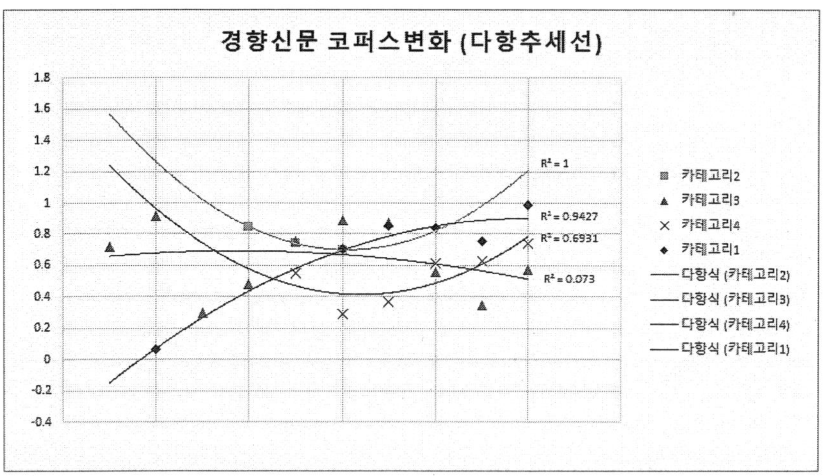

그림 5 미디어 5의 코퍼스 변화(다항추세선)

시점의 전후에 대한 코퍼스의 내용분석을 필요로 하는 부분이다. 의미단위 1(위험요소-원자력)의 경우는 상향직선에 가까운 볼록형의 변화를 보여 시간흐름에 따라 언급의 정도가 높아지고 있음을 나타낸다. 또한, z표준치의 범위는 0과 1 사이로 다른 의미단위에 비하여, 시간에 따라 큰 변화를 보인다. 미디어 5 코퍼스의 논점이 다른 이슈와 비교하여, "원자력"에 중점을 두는 방향으로 변화하고 있음을 알 수 있다. 의미단위 3(위험요소-기타)은 직선에 가까운 볼록형의 변화를 보인다. 또한, z표준치의 범위는 0.5로, 일정한 정도로 중요하게 다루고 있는 것을 알 수 있다.

〈그림 6〉은 미디어 2의 코퍼스 변화를 면밀히 살펴보기 위하여, z표준치의 다항추세선을 표기한 것이다. 의미단위 1(위험요소-원자력), 의미단위 3(위험요소-기타)의 경우는 약한 볼록형의 변화를 보여 시간흐름에 따라 언급정도에 큰 차이가 없음을 나타낸다. 또한, z표준치의 범위는 0.6과 0.8 사이로 다른 의미단위에 비하여 상당히 높은 값을 보인다. 즉, 미디어 2 코퍼스의 논점이 다른 이슈와 비교하여, "원자력"과 "기타 위험요소"에 지속적으로 중점을 두고 논의하고 있음을 알 수 있다. 의미단위 4(갈등요소)는 약한 오목형의 변화를 보여 시간흐름

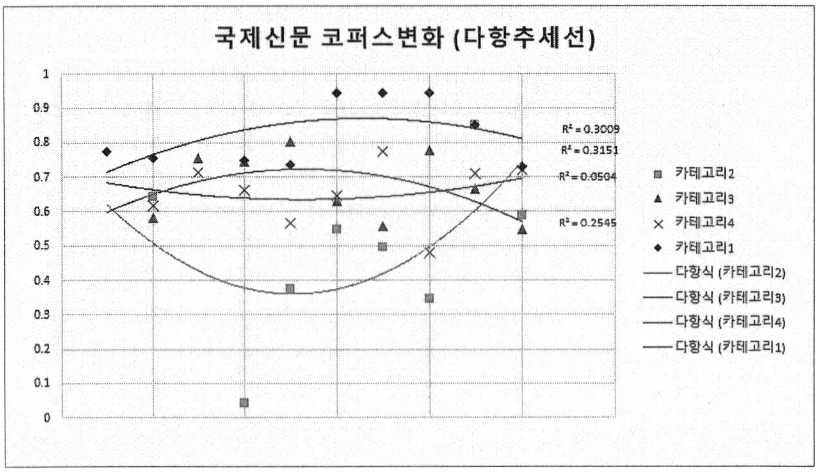

그림 6 미디어 2의 코퍼스 변화(다항추세선)

에 따라 주목도에 큰 차이가 없음을 나타낸다. 또한, z표준치의 범위는 0.6과 0.8 사이로 다른 의미단위에 비하여 상당히 높은 값을 보여 미디어 2 코퍼스의 논점이 다른 이슈와 비교하여, "갈등요소"에 대해서도 지속적으로 중점을 두고 논의하고 있음을 알 수 있다. 의미단위 2(위험요소-질병)는 강한 오목형의 변화를 보인다. 즉, 시간흐름에 따라 주목도에 큰 차이가 있음을 나타낸다. 또한, z표준치의 범위는 0.4과 0.7 사이로 다른 의미단위에 비해서는 낮은 범위이긴 하지만, 일정 정도 중요하게 다루고 있음을 알 수 있다.

〈표 6〉은 신문사별 z표준치의 다항선추세선의 특성을 정리한 것이다. 여기서 *마크는 각 신문사가 언급하는 정도가 상대적으로 가장 높은 의미단위를 표시한 것으로, 각 신문사가 중요하게 생각하는 키워드라고 생각할 수 있다. 미디어 1, 미디어 4, 미디어 2는 의미단위 1(위험요소-원자력)에 대한 언급의 정도가 높으며, 해수담수화 논의에 있어서 중요한 키워드로 다루고 있음을 알 수 있다. 세 미디어와는 다르게, 미디어 3과 미디어 5는 의미단위 2(위험요소-질병)에 대한 언급의 정도가 높으며, 해수담수화 논의에 있어서 중요한 키워드로 다루고 있음을 알 수 있다. 결론적으로 해수담수화 논의에 있어서 미디어간 인식의 차이가 존재하는 것을 알 수 있다. 특히, 지역일간지와 중앙일간지의 관점에 명백한 차이가 있음을 분명히 알 수 있다.

미디어를 통한 거시적 담화에 있어서 인식의 차이가 존재할 경우, 사회적 합의를 이끌어 내는 것은 용이하지 않다. 해수담수화 논의에 대한 인식의 차이가 앞으로 더욱더 극명화될 수 있으며, 사회적 합의를 이끌어 내기 위해서는 다양한 이해관계자들 간의 심도 있는 논의가 더욱 많이 이루어져야 하며, 또한 미디어의 보도가 이해관계자들의 논의 내용을 객관적으로 투명하게 전달하고 있는지에 대한 평가가 필요하다.

표 6 신문사별 z표준치 다항추세선의 특성

	미디어 1	미디어 3	미디어 4	미디어 5	미디어 2
의미단위 1 (위험요소-원자력)	**오목형*** z: 0.59-0.98	직선상향형 z: 0-0.6	**약한 볼록형*** z: 0.72-0.93	직선상향형 z: 0.06-0.98	**약한 볼록*** z: 0.72-0.94
	다른 이슈와 비교하여, "원자력"에 중점을 두고 있으며, 더 많이 언급하는 방향으로 변화	전반적으로 거의 언급이 없으며 후기에 가서 낮은 z 표준치를 보이며 등장함	직선에 가까운 변화로 시간의 흐름에 따른 변화없이 지속적으로 중요하게 다루고 있음	상향직선에 가까운 볼록형. 시간흐름에 따라 언급의 정도가 높아지고 있음	시간의 흐름에 따른 변화 없이 지속적으로 중요하게 다루고 있음
의미단위 2 (위험요소-질병)	약한 볼록형 z: 0.33-0.71	**오목상향*** z: 0.33-0.91	하향직선형 z: 0.63-0.43	**오목형*** z: 0.70-0.84	약한 오목형 z: 0.04-0.84
	가장 약한 중요도를 나타내지만 언급 정도에 큰 변화는 없이 일정정도를 유지하며 다루고 있음	시간의 흐름에 따라 언급의 정도가 큰 차이로 늘어남, "질병" 요소를 후기에 와서 중점을 두고 언급	언급의 정도가 점점 떨어지고 있음	시간흐름에 따라 언급의 정도가 줄어들었다가 다시 늘어나고 있음	지속적으로 중요하게 다루고 있음
의미단위 3 (위험요소-기타)	약한 볼록형 z: 0.47-0.81	직선상향형 z: 0.38-0.89	강한 볼록형 z: 0.27-0.69	약한 볼록형 z: 0.29-0.8	약한 볼록형 z: 0.54-0.80
	두 번째로 중요하게 다루고 있음. 언급정도에 큰 변화는 없으나 일정정도 중요하게 다루고 있음	시간의 흐름에 따라 언급의 정도가 큰 차이로 늘어남	낮은 범위지만 꾸준히 중요하게 다루고 있음. 언급의 정도는 늘어났다가 점점 떨어지고 있음	추세선은 직선에 가까운 볼록형으로 일정한 정도로 중요하게 다루고 있음	지속적으로 중요하게 다루었으나 후기에 언급이 줄어들고 있음
의미단위 4 (갈등요소)	약한 볼록형 z: 0.42-0.73	오목형 z: 0.30-0.55	강한 볼록형 z: 0.36-0.64	오목형 z: 0.29-0.73	강한 오목형 z: 0.48-0.71
	세 번째 중요도를 나타내나 언급정도의 변화없이 일정한 언급정도를 유지하며 다루고 있음	시간의 흐름에 따라 언급의 정도가 약하게 늘어남	낮은 범위지만 꾸준히 중요하게 다루고 있음. 언급의 정도는 늘어났다가 점점 떨어지고 있음	시간흐름에 따라 표준치(언급의 정도)가 0.29까지 줄어들었다가 늘어나고 있음	어느 시점에서는 중요하게 다루어지고 어느 시점에는 다루어지지 않는 큰 주목도의 변화를 나타냄
특 징	– 원자력를 중점으로 모든 요소들이 지속적으로 언급되며 고르게 나타나는 경향을 보임	– 표준치의 범위 살펴보면, "질병", "기타", "갈등요소", "원자력"순 – "질병"에 중점을 두고 있음 – 초기부터 시작하여 긴 시간 동안 원자력의 언급이 없었음	– "원자력"에 대해 지속적으로 중점을 두고 언급하고 있으며 "갈등요소"와 "기타위험요소"를 적은 수이지만 꾸준히 언급하고 다루고 있음	– "원자력"의 표준치의 범위는 0과 1 사이. 시간에 따라 큰 변화를 보이며 "원자력"에 중점을 두는 방향으로 논점이 변화하고 있음	– "원자력"과 "갈등요소", 생태, 환경 등을 의미하는 "기타위험요소"를 골고루 중심논점으로 다루고 있음

Ⅴ. 결론: 정책적 함의 및 과제

다양한 이해관계자들이 관여하는 공공사업에서 완전한 의견 일치는 존재하지 않을지도 모른다. 하지만 공공사업을 통해 최대한의 사회적 이익을 달성하기 위해서는 인식을 공유하고 대화와 의견조절을 통해 사회적인 합의점을 찾아가는 과정이 필요하다. 거시적 토의에서 분명히 존재하는 인식차이를 발견하고 좁혀가기 위해서는 우선 인식차이의 정도를 객관화하는 과정이 필요하다.

이에 대한 시도로서 본 연구는 "부산 해수담수화플랜트사업"을 대상으로 미디어간에 존재하는 인식차이를 객관화하기 위하여 시계열로 핵심어를 추출하는 자동화된 오피니언 마이닝 기법을 구축하는 것을 통해 대립이나 갈등을 해소할 수 있는 단서를 제공하는 것을 목적으로 하였다. 지역 2개 신문사와 중앙 3개 신문사의 기사를 수집하여 각 신문사의 해수담수화 플랜트 건설에 대한 비정형 텍스트 데이터로부터 기계적인 분석방법을 통해 인식과 의견을 단순화하여 나타내는 핵심어를 추출하는 TFIDF를 통한 코퍼스(corpus) 분석을 실시하였다.

"부산 해수담수화플랜트사업"에 대한 분석은 각 미디어사간의 인식의 차이라고 할 만한 뚜렷한 경향성을 보여주었다. 지역언론과 중앙언론 간에 중요하게 다루는 정도의 차이가 존재했으며, 미디어 1, 미디어 4, 미디어 2는 문제의 원인이라고 할 수 있는 의미단위 1(위험요소-원자력)을 해수담수화 논의에 있어서 중요한 키워드로 다루고 있는 반면, 미디어 3과 미디어 5는 문제의 결과라고 할 수 있는 의미단위 2(위험요소-질병)에 대한 언급의 정도가 높으며 해수담수화 논의에 있어서 중요하게 다루고 있음을 알 수 있다.

관심과 중요도가 커져가고 있는 코퍼스 분석 분야에 있어서 본 연구의 방법론으로 사용된 한글자연어처리 기술과 TFIDF분석을 통한 핵심단어의 추출은 대량의 텍스트분석을 자동적으로 분석하는 시스템을 구축하기 위한 토대가 된다는 점에서 학문적인 기여를 하고 있다. 특히 시계열로 나타낸 오피니언 마이닝 기법을 통해 시간의 흐름에 따른 주장의 변화를 보여주는 방법론을 제시하고 있다는 점에서 공헌도가 있다. 또한 부산지역의 현안인 해수담수화 플랜트사업의 갈등구조를 선행연구와 미디어기사에서는 무엇을 핵심으로 하여 다루고 있는가에 대한 객관적인 분석결과를 제시함으로써 정책현안에 실무적인 기여를 하고 있다. 핵심단어추출의 시계열분석은 정책현안에 관한 미디어간의 사회적 토의과정을 세밀하게 나타낸다. 정책 초기 혹은 입안의 시기에 서로 다른 인식과 논조를 가지고 기사작성을 시작한다고 하더라도, 시간이 지남에 따라 정보와 인식을 공유하고 합의하는 과정을 거치게 되어 점진적으로 차이를 좁혀가는 것이 타당한 토의의 결과라고 할 수 있다. 핵심단어추출의 시계열분석은 정책현안에 관한 미디어간의 사회적 토의 과정을 세밀하게 나타내었다. 해수담수화사업에 관한 본 분석에서는 초기부터 "원전"이라는 요소를 감지하고 시간이 지남에 따라 이해관계자간의 갈등요소들에 관한 입장의 차이를 좁혀가는 미디어 1, 2, 4, 5사의 사회적 담화과정을 파악할 수 있다. 또한 "원전"을 언급하지 않은 초기의 입장을 고수하고 있지만 질병과 사회적 갈등에 관해서는 언급을 늘려가는 미디어 3사의 변화를 파악할 수 있었다. 이러한 결과는 해수담수화 사업에 관한 갈등을 인정하고 조절해야 한다는 사회적인 합의가 진행되고 있다는 것을 시사한다. 이러한 시사점으로부터 해수담수화시설을 통한 상수도공급 건과 관련하여 부산시민과의 갈등조절을 위한 시급한 정책적 대응이 필요하다는 정책 현안을 도출할 수 있었다.

미디어의 보도는 사회적 합의를 이끌어 내는 데 아주 중요한 역할을 한다. 직접적인 이해당사자의 경우는 물론, 간접적인 이해당사자들은 미디어를 통하여 자신의 의견을 투영하고 의견이 다른 사람들의 의견에 대해서 이해하는 경험을 하게 된다. 만약, 미디어의 보도가 한쪽으로 편중되어 있거나 의도적으로 어떤 특정 의견만을 강조한다면, 합리적인 오피니언 형성(opinion building)을 저해할 뿐만 아니라, 사회적 합의를 통한 건전한 공공정책 실현을 방해하는 요인으로 작용할 수 있다. 미디어를 통한 거시적 범위의 담화는 사회 구성원간 상호이해를 높여 인식의 차이를 줄이기 위한 프로세스를 실현하는 수단으로서의 역할을 성실히 수행해야 한다. 사회적 이슈에 대한 미디어의 거시적 담화에 있어서 성실한 토의 과정에 대한 객관적이고 투명한 평가를 위해서는 다음 세 가지 과제를 풀어야 한다.

첫째, 이해관계자들의 직접적인 논의, 즉 미시적인 단위에서의 논의에 대한 회의록 분석과 동시에, 미디어 코퍼스를 이용한 거시적인 범위에서의 논의에 대한 분석을 함께 실시하여 비교분석을 하는 것이 필요하다. 또한 미시적 코퍼스와 거시적 코퍼스에 대한 데이터베이스화 및 검색시스템을 구축하여, 객관성과 투명성을 확보하는 것이 중요하다.

둘째, 미시적 담화와 거시적 담화를 거듭하여 사회적 합의를 이끌어 낼 수 있도록 퍼실리테이션(facilitation) 기술을 향상시키고, 구축된 데이터베이스 및 검색시스템을 이용하여 퍼실리테이션을 지원할 수 있는 코퍼스정보통합시스템을 구축하는 것이 중요하다.

셋째, 미시적 담화와 거시적 담화를 거듭하여도 사회적 합의에 이르지 못할 경우, 어떤 시점, 어떤 상황에서 토의를 끝맺음하는 것이 바람직한지에 대한 마감규칙(exiting rules) 메뉴얼이 필요하다.

참고문헌

- 김동영 · 박제원 · 최재현(2014), "SNS와 뉴스기사의 감성분석과 기계학습을 이용한 주가예측모형 비교 연구,"「한국IT서비스학회지」, 13(3): 221-233.
- 김승현(2016), "해수담수화플랜트 농축수의 자원화,"「대한토목학회지」, 64(2): 25-29.
- 김원상 · 이종혁 · 박제원 · 최재현(2014), "오피니언 마이닝을 통한 정당지지도 분석기법,"「한국정보기술학회논문지」, 12(10): 133-141.
- 김유신 · 김남규 · 정승렬(2012), "뉴스와 주가: 빅데이터 감성분석을 통한 지능형 투자의사결정모형,"「지능정보연구」, 18(2): 143-156.
- 김인수 · 오병수(2009), "떠오르는 물 산업 - 해수담수화,"「대한토목학회지」, 57(8): 15-21.
- 김지훈 · 김건엽 · 남종우 · 김형수 · 장암(2013), "세라믹 MF막의 해수담수화 전처리공정 적용성 평가,"「대한토목학회 학술대회」, 2960-2961.
- 김충환 · 강두호 · 윤재홍(2000), "대규모 해수담수화시설의 표준모델 적용방안 연구,"「대한토목학회 학술발표회 논문집 3」, 913-916.
- 김충환 · 김우구(2000), "소규모 해수담수화시스템의 경제성분석,"「대한토목학회 학술발표회 논문집 3」, 921-924.
- 박경미 · 박호건 · 김형곤 · 고희동(2011), "SNS에서 오피니언마이닝 연구,"「정보과학회지」, 29(11): 54-60.
- 박희경(1998), "해수담수화: 대체수자원으로서의 가능성,"「대한토목학회지」, 46(4): 28-38.
- 박희경 · 박노석(1998), "해수담수화의 국내 적용을 위한 타당성 검토,"「대한토목학회지」, 46(4): 365-373.
- 배정환 · 손지은 · 송민(2013), "텍스트 마이닝을 이용한 2012년 한국대선 관련 트위터 분석,"「지능정보연구」, 19(3): 141-156.
- 서지훈(2015), "빅데이터 관리를 위한 오피니언 감성사전 모델 설계," 박사학위논문, 인천대학교 컴퓨터공학과.

- 송은지(2013), "빅 데이터를 이용한 고객평판 사례분석에 관한 연구,"「한국정보통신학회논문지」, 17(10): 2439-2446.
- 안정국 · 김희웅(2015), "집단지성을 이용한 한글 감성어 사전 구축,"「지능정보연구」, 21(2): 46-67.
- 양민혁 · 정인선 · 김용채 · 조완섭(2015), "SNS 데이터를 활용한 국내대학 인식 및 선호도 분석,"「한국빅데이터서비스학회 논문지」, 1(1): 1-13.
- 양정석 · 김일환(2013), "Delphi 기법을 이용한 해수담수화 플랜트 유망 국가 분석,"「대한토목학회논문집」, 33(6): 2351-2357.
- 우성우(2012), "해수담수화 플랜트 시스템 설계 및 시공 기술 - 부산시 기장군 역삼투압 방식 해수 담수화 플랜트 중심으로,"「대한기계학회 춘추학술대회」, 125-141.
- 이상호 · 최준석 · 황태문(2013), "최근 이슈가 되고 있는 차세대 해수담수화 기술연구에 대하여 토목 · 환경분야가 어떤 형태로 분야발전을 이룰 수 있을까요?,"「대한토목학회지」, 61(5): 102-107.
- 이윤주 · 서지훈 · 최진탁(2014), "SNS 텍스트 콘텐츠를 활용한 오피니언마이닝 기반의 패션 트랜드 마케팅 예측 분석,"「정보기술학회논문지」, 12(12): 163-170.
- 이태호(2015), "해양심층수를 마신다고?" 부산일보, 2015. 12. 4.
- 임시영 · 임용민 · 이재용(2014), "텍스트마이닝 기법을 이용한 U-City와 Smart City의 연구 동향에 대한 분석,"「한국지형공간정보학회지」, 22(3): 87-97.
- 한상진(2016), "역량의 환경정의 관점에서 본 핵발전소 주변 주민의 건강피해와 삶의 질 문제,"「환경사회학연구 ECO」, 20(1): 283-315.
- Jeong, H. Y., Shiramatsu, S., Kobayashi, K., and Hatori, T.(2008), "Discourse Analysis of Public Debates using Corpus Linguistic Methodologies," *Journal of Computers*, 3(8): 58-68.
- Chul-hyun Kim(2009), "A Taxonomical Classification of Technology-based Services: Business Model Patent Analysis," *The Journal of Internet Electronic Commerce Research*, 9(2): 167-192.
- Salton, G., & McGill, J. M.(Eds.)(1983), *Introduction to Modern Information Retrieval*, McGraw-Hill.

[저자 소개]

홍 순 구

University of Nebraska-Lincoln 석사 및 박사(경영정보)
Texas A&M International University 조교수
한국은행
현, 동아대학교 경영대학 경영정보학과 교수
공동가치창출혁신연구소 소장
Service Business 편집위원(SSCI Journal)
Pan-Pacific Business Association Fellow

[저서 및 논문]
경영정보시스템
유비쿼터스의 이해와 활용사례
비즈니스정보시스템(역서) 등
그 외 Communications of the ACM 등 국내외 저널에 120여편의 학술논문 게재

최 형 림

서울대학교 학사(경영학)
KAIST 석사 및 박사(경영정보)
KIST 경제분석실 연구원
현, 동아대학교 경영대학 경영정보학과 교수
지능형컨테이너연구센터 소장
Entrue Journal of Information Technology 편집위원
스마트시티 부산 포럼 공동대표

[저서 및 논문]
전자상거래원론
인터넷 환경의 지식시스템
시스템 분석 및 설계 등
그 외 Decision Support Systems 등 국내외 저널에 200여편의 학술논문 게재

김 나 랑

부산대학교 학사(문헌정보학)
동아대학교 석사 및 박사(경영정보학)
부산대학교 경영연구소 연수연구원
동아대학교 경영문제연구소 연구전담교수

[논 문]
International Journal of Production Research 등 국내외 저널에 30여편의 학술논문 게재

공동가치창출을 위한 혁신모델의 탄생 –
IT와 디자인씽킹을 통한 지역혁신의 완성

2017년 5월 25일 초판 인쇄
2017년 5월 30일 초판 발행

저 자 홍순구 · 최형림 · 김나랑
발행인 이구만
발행처 유원북스
04091 서울특별시 마포구 토정로 222, 416호
(신수동, 한국출판컨텐츠센터)
대표전화 (02)593-1800 Fax (02)593-1801
등록 2011. 9. 6. 제25100-2012-3호
www.uwonbooks.com uwbooks@daum.net

정 가 25,000원 ISBN 978-89-97926-72-5 93320

이 도서의 국립중앙도서관 출판예정도서목록(CIP)은 서지정보유통지원시스템 홈페이지(http://seoji.nl.go.kr)와 국가자료공동목록시스템(http://www.nl.go.kr/kolisnet)에서 이용하실 수 있습니다. (CIP제어번호 : CIP2017011223)